国学经典详注·全译·精解

增广贤文

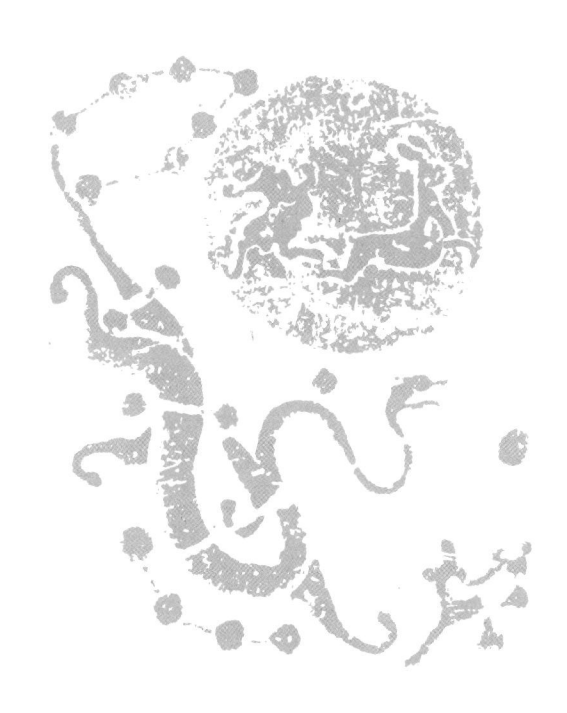

冯国超 —— 译注

华夏出版社
HUAXIA PUBLISHING HOUSE

前 言

《增广贤文》又名《昔时贤文》《古今贤文》《增广便读昔时贤文》,全书近四千字,多由两两相对、读来朗朗上口的句子组成,其中有不少句子蕴意深刻,充满哲理,即使在今天,仍为人们耳熟能详,并广泛运用,如"茫茫四海人无数,哪个男儿是丈夫","时来风送滕王阁,运去雷轰荐福碑","欲求生富贵,须下死工夫","路遥知马力,事久见人心",等等。

不过,《增广贤文》的作者及成书时间迄今未详。在明代戏曲作家汤显祖(1550—1616年)所写的《牡丹亭》第七出"闺塾"中,有"《昔氏贤文》,把人禁杀"之句,一些学者认为,此《昔氏贤文》即《昔时贤文》,若果真如此,则《增广贤文》的成书时间不会晚于明代。

到了清朝同治年间(1862—1875年),儒生周希陶对《增广贤文》作了修订,不仅对原书顺序作了调整,还增加了不少新的内容,命名为《重订增广》。但因为《重订增广》所增加的内容有的语句不够精练、内涵不够深刻,故其影响力明显不及《增广贤文》。

《增广贤文》一书是作者汇集古代的格言警句并按韵律编排而成,即所谓"集韵增广",因此,其中的文句大多并非作者所创,详细考察《增广贤文》所收的文句,可以发现,它们主要有这样五个来源:(1)四书五经。其中引用最多的是《论语》,如"人无远虑,必有近忧"出自《论语·卫灵公》,"人而无信,不知其可也"出自《论语·为政》。其次是《孟子》,如"天时不如地利,地利不如人和"出自《孟子·公孙丑下》,"顺天者存,逆天者亡"出自《孟子·离娄上》。其他如"差之毫厘,失之千里"出自《礼记·经解》,"隐恶扬善,执其两端"出自

《中庸》，"一人有庆，兆民咸赖"出自《尚书·吕刑》，"知我者谓我心忧，不知我者谓我何求"出自《诗经·王风·黍离》，等等。(2)古代诗词。其中引用最多的是唐宋诗词，如"古人不见今时月，今月曾经照古人"出自李白的《把酒问月》诗，"酒债寻常行处有，人生七十古来稀"出自杜甫的《曲江二首》之二，"世上万般皆下品，思量唯有读书高"出自宋代汪洙(zhū)的《神童诗》，"千里送毫毛，礼轻情义重"出自宋代邢俊臣的《临江仙》，等等。(3)古代史学经典。如"一字值千金"出自《史记·吕不韦列传》，"口说不如身逢，耳闻不如目见"出自《资治通鉴·唐纪·睿宗二年》，"宁可人负我，切莫我负人"出自《三国志·魏书·武帝纪》裴松之注引孙盛《杂记》，等等。(4)佛道经典。如"守口如瓶，防意如城"出自《维摩经》，"善有善报，恶有恶报"出自唐代释道世的《法苑珠林·卷八·六道诸天·报谢》，"天网恢恢，疏而不漏"出自《老子》第七十三章，等等。(5)民间广泛流传的谚语、格言。如"逢人且说三分话，未可全抛一片心"亦见于明代小说《醒世恒言》第九卷，"有心栽花花不发，无心插柳柳成荫"亦见于明代小说《禅真逸史》第一卷，"莫信直中直，须防仁不仁"亦见于《西游记》第三十七回，等等。

需要说明的是，作者在引用古代典籍时，也不是一字不差地照搬照抄，而是常常根据自己的需要作出修改。如"千里送毫毛，礼轻情义重"两句，宋代邢俊臣的《临江仙》中原作"物轻人意重，千里送鹅毛"；"白云出岫(xiù)本无心"一句，陶渊明的《归去来兮辞》原作"云无心以出岫，鸟倦飞而知还"；"宁可人负我，切莫我负人"两句，孙盛的《杂记》原作"宁我负人，毋人负我"，意思完全相反。除此之外，也不排除文中有作者原创的句子。

深入分析《增广贤文》中的格言警句，可以发现它们主要包含以下几个方面的思想。

一、惩恶扬善的善恶观。针对社会上一些人为非作歹、横行霸道且气焰十分嚣张的现象，书中明确劝导人们要多做善事、不做恶事："善事可作，恶事莫为"，"一毫之恶，劝人莫作；一毫之善，与人方便"。为什么呢？一是因为行善不仅能使人感到快乐，而且还能使人长寿："为善最乐，为恶难逃"，"善必寿考，恶必早亡"。二是因为行善与作恶会带来不同的报应："善有善报，恶有恶报；不是不报，日子未到"，"人恶人怕天不怕，人善人欺天不欺。善恶到头终有报，只争来早与来迟"。这种"善有善报，恶有恶报"的思想在中国社会中长期流行，虽然表面上看似乎有某种迷信的成分，实质上却是对历史经验的深刻总结，因为归根结底，所有的善行都会受到人们的褒奖，所有的恶行最终都会遭到人们的鞭挞，而所有的作恶者亦都会被人们所唾弃。

二、重义轻财的义利观。针对社会上一些人唯利是图、嫌贫爱富的现象，书中明确指出，钱财并不是世上最贵重的，仁义、子孙贤能、安乐、明解经书等是比钱财更有价值的东西："钱财如粪土，仁义值千金"，"不求金玉重重贵，但愿子孙个个贤"，"黄金未为贵，安乐值钱多"，"积金千两，不如明解经书"。在此基础上，作者进一步指出，人的生活离不开钱财，这是客观事实，因此钱财并非不重要，人们喜欢钱财也没有什么不对，关键在于获取钱财的途径一定要正当："君子爱财，取之有道"，"宁向直中取，不可曲中求"。如果不能通过正当的途径获得财富，则宁愿过清贫的日子，也不要靠非法的手段去获取财富："宁可正而不足，不可邪而有余。"

三、积极有为的人生观。具体表现在这样三个方面：(1)强调了学习的重要性，认为读书学习是世上最有价值的事情："世上万般皆下品，思量唯有读书高。"为什么呢？因为人只有通过学习，才能懂得事理："人学始知道，不学亦徒然"，否则，没有文化的人就像穿着衣服的马牛一样："有田不耕仓廪虚，有书不读子孙愚。……人不通古今，马牛而襟裾。"因此，那些通过学习掌握知识的人，才是真正对社会有用的人才："好学者如禾如稻，不学者如蒿如草。"(2)要珍惜时间，不要让光阴虚度。书中指出，时光飞逝，人的一生是极其短暂的："光阴似箭，日月如梭"，"记得少年骑竹马，看看又是白头翁"，因此，人不应该虚度光阴："莺花犹怕春光老，岂可教人枉度春"，而应趁着年少之时积极努力，以免将来后悔："月过十五光明少，人到中年

增广贤文

万事休","少壮不努力,老大徒伤悲"。(3)人生必须追求成功,并要为此付出艰苦的努力。书中明确指出,人生在世,应该追求功名富贵:"为官须作相,及第早争先";但是,正如"笋因落箨(tuò)方成竹,鱼为奔波始化龙",对功名富贵的追求不是轻而易举、一帆风顺的,它需要人在痛苦中磨炼、在寂寞中奋斗:"欲求生富贵,须下死工夫","十年窗下无人问,一举成名天下知"。同时,书中还提醒人们要自强不息,力争上游,否则就会被社会淘汰:"莫道君行早,更有早行人","长江后浪推前浪,世上新人赶旧人"。

除了上述,《增广贤文》还提倡诚信:"人而无信,不知其可也","许人一物,千金不移";要求人们学会宽恕:"责人之心责己,恕己之心恕人","饶人不是痴汉,痴汉不会饶人";要求尊敬老人:"莫笑他人老,终须还到老","人见白头嗔,我见白头喜";等等。这些思想对于改善人际关系,促进社会和谐,无疑具有积极的意义。

然而,《增广贤文》中也有不少夸大社会阴暗面、劝人圆滑世故甚至提倡消极避世、一切听天由命的思想,需要引起我们的注意和重视,这主要体现在以下几个方面。

一、认为世态炎凉,人心险恶。《增广贤文》中有不少文字,向人们展示了社会阴暗甚至冷酷的一面。首先是人心叵测,人们很难交到知心的朋友:"画虎画皮难画骨,知人知面不知心","相识满天下,知心能几人";而且更为可怕的是,有的熟人朋友甚至比会吃人的老虎还要厉害:"虎生犹可近,人熟不堪亲","入山不怕伤人虎,只怕人情两面刀"。其次是人们唯利是图,贪得无厌:"人为财死,鸟为食亡","点石化为金,人心犹未足"。这种对财富的畸形追求造成社会上到处都是嫌贫爱富的势利之人:"贫居闹市无人识,富在深山有远亲","有钱道真语,无钱语不真;不信但看筵中酒,杯杯先劝有钱人","有茶有酒多兄弟,急难何曾见一人"。再次是有不少人生活得十分无聊,喜欢议论别人的长短、搬弄是非:"谁人背后无人说,哪个人前不说人","假饶染就真红色,也被旁人说是非","好事不出门,恶事传千里"。生活在这样的世界中,真可谓危机四伏,步步惊心,令人防不胜防。

二、提倡明哲保身的处世之道。人生活在这样可怕的环境中,那么又该如何去应对呢?对此,《增广贤文》为我们设计了一整套"有效"的处世策略。(1)防。既然人心叵测,那么在与他人交往时,就要有防备之心,不要被表面现象所迷惑:"莫信直中直,须防仁不仁";与人交谈时也要留有余地,不要暴露自己的真实想法:"逢人且说三分话,未可全抛一片心。"(2)躲。既然人情如纸,环境险恶,为了避免风险,便须采取躲避的办法:"明知山有虎,莫向虎山行。"在日常生活中,则要学会装聋作哑,要深居简出,尽量少与别人交往:"见事莫说,问事不知,闲事莫管,无事早归。"甚至当自己遇到很大的困难,需要别人帮忙的时候,也最好不要去求人:"无钱休入众,遭难莫寻亲",因为人都是自私的,当你一贫如洗时,人们避你唯恐不及,你再找上门去寻求帮助,只会自讨没趣。(3)忍。生活中常常会有无妄之灾,有的事情不是你想躲就躲得掉的,那么,当麻烦甚至灾祸无情地降临到你的头上时,又该怎么办呢?

《增广贤文》告诉我们,此时就要学会忍耐:"触来莫与竞","得忍且忍,得耐且耐",因为"不忍不耐,小事成大"。书中甚至认为,在遇到麻烦或是非时,不妨学做缩头乌龟:"是非只为多开口,烦恼皆因强出头。忍得一时之气,免得百日之忧。近来学得乌龟法,得缩头时且缩头。"(4)借酒浇愁。俗话说,忍字头上一把刀,要做到事事忍让是极为不易的,那么,当你实在忍无可忍时,又该如何处理呢?对此,书中又提出了一招,这就是喝酒,借酒浇愁:"三杯通大道,一醉解千愁","今朝有酒今朝醉,明日愁来明日忧","醉后乾坤大,壶中日月长"。然而对于借酒浇愁的做法,书中也有一些自相矛盾的表述,如说"药能医假病,酒不解真愁",如认为喝酒其实并不是什么好事,它会损害人的身心健康:"清清之水为土所防,济济之士为酒所伤",等等。这事实上也意味着其明哲保身的处世哲学就如借酒浇愁一样,并不能真正解决问题。

三、宣扬"一身都是命安排"的命定论思想。古代中国人大多信命,认为人一生的穷通寿夭、贫富祸福都是命中注定的，人力无法去改变。如在《论语·颜渊》中就有"死生有命，富贵在天"的说法，孔子也常常把自己生活中的遭遇归于天命的安排。在《增广贤文》中，此类命定论思想更是随处可见，诸如"大家都是命，半点不由人"，"命里有时终须有，命里无时莫强求"，"万事不由人计较，一身都是命安排"，等等。而既然一切都是命中注定，那么人的所作所为无疑都是徒劳的，故书中说"万事皆已定，浮生空自忙"，人所能做的，就是安守本分，静候命运之神的安排。

毋庸讳言，《增广贤文》中所揭露的社会阴暗面都是客观存在的，也确实有不少人在严酷的现实面前感到十分无力和无奈，但问题的关键在于不应把它们作过分的夸大，并由此倡导一种消极避世的人生态度。因此，在阅读《增广贤文》时，我们一定要用辩证的态度去看问题，既要看到书中有积极向上的一面，又要看到书中有消极落后的一面，并认识到提倡积极向上毕竟是该书的主流思想，从而真正做到"取其精华，去其糟粕"，为我所用。

然而，遗憾的是，《增广贤文》问世后，一直缺乏权威的定本，而且清末民初的本子大多字迹潦草，印刷粗糙，这也导致目前出版的各种《增广贤文》本子内容差异很大。正是为了解决这种《增广贤文》版本混乱的状况，同时也为了更好地揭示《增广贤文》的内涵和现代价值，笔者撰作了这本《国学经典详注·全译·精解——增广贤文》。概括地说，本书主要有以下几个方面的特点：

一是本书的原文以民国时期出版的一种绘图版《增广贤文》为底本，同时参阅了清代李光明庄精刻本《增广贤文》、民国时期刊行的其他一些本子及当今一些较具代表性的《增广贤文》出版物。

二是注释详尽、准确、全面。目前出版的不少《增广贤文》注译本有一个较为明显的通病，就是注译者作注较为随意，哪些字词须注，哪些字词不用注，没有统一的标准，造成一些必须加注的疑难字词常常被有意无意地回避了，这必然会给读者阅读《增广贤文》带来很大的困难。本书则做到逢疑难必注，不回避问题，对于迄今仍存在分歧和争议的地方，或明确表示存疑，或同时列举几种有代表性的观点,以提示读者此处内容并无确解。

三是在白话翻译部分,尽量采用直译的做法,不作引申和发挥,并力求使译文精致、流畅。

四是对《增广贤文》作了全面的现代解读,除了对原文的内容作深入的说明,揭示其实质和价值意义,还尽量列举相关的历史故事来进行剖析,以利于读者更好地理解和接受。除此之外,本书还配有与原文内容密切相关的精美插图,既有助于读者更好地理解原文意思,亦有很好的欣赏价值。

在当今图书市场,各类国学经典出版物如雨后春笋,层出不穷,《增广贤文》亦是如此。而力求原文、注释、译文的准确性和可靠性,努力使解读更为全面和富有针对性,则是本书区别于其他同类作品的较为明显的特点。

冯国超
2023年3月于北京

目 录

增广贤文 …………………………………………………001
附录：《增广贤文》名言索引 ……………………………191

增廣賢文

1 昔时①贤文②，诲③汝④谆谆⑤。集韵⑥增广⑦，多见多闻。观今宜⑧鉴⑨古，无古不成今。

【译文】

从前优美精辟的文字，恳切地教导你。收集文句并按韵律编排，予以增加和扩充，能使人多见多闻。观察现在应该借鉴过去，因为没有过去就没有现在。

【注释】

①昔时：往日；从前。　②贤文：优美精辟的文字（贤：优良；美善）。一说指圣贤的言论（贤：有德行或才能的人）。　③诲：教导；劝导。　④汝：你。　⑤谆谆：形容恳切而不厌倦。　⑥集韵：收集文句并按韵律编排。　⑦增广：增加；扩大。　⑧宜：应该。　⑨鉴：观察；审察。

【解读】

本段文字主要包含以下三层意思。

一是说明了《增广贤文》一书的性质和内容，它是汇集古代优美精辟的文句并按韵律编排而成的，即所谓"集韵增广"。

二是指出了《增广贤文》的作用，可以增加人们的见闻，使人们见多识广，即"多见多闻"。

三是说明为什么要汇集古人的论述编成《增广贤文》，是因为现在是过去的延续，只有了解过去，才能更好地把握现在。据《新唐书·魏征传》记载，唐代大臣魏征以善谏闻名，魏征死后，一天，唐太宗在朝堂上说："以铜为鉴，可正衣冠；以古为鉴，可知兴替；以人为鉴，可明得失。朕尝保此三鉴，内防己过。"意即把铜作为镜子，可以端正衣帽；把过去作为镜子，可以知道兴衰；把人作为镜子，可以知道得失。我曾经保有这三面镜子，以防止自己的过失。其中的"以古为鉴，可知兴替"，便明确指出了过去的知识和经验对于现在的作用和价值。中华民族是一个善于总结历史经验的民族，一套保存完整的二十四史，一部卷帙浩繁的《资治通鉴》，以及其他各种数不胜数的野史、笔记等等，都为我们今人的治国理政、立身处事提供了大量的历史借鉴，而《增广贤文》，则可谓其中较具代表性和特色且影响较大的一种。

关于本段文字，需要我们细加分析的主要有两个地方，一个是

"贤文"的含义。从目前出版的各种《增广贤文》读物来看,关于"贤文",学者们主要有两种解释,一种认为指优美精辟的文字,一种认为指圣贤的言论。笔者认为应按第一种理解,因为《增广贤文》中有不少存在偏颇或值得商榷的言论,如"近来学得乌龟法,得缩头时且缩头""今朝有酒今朝醉,明日愁来明日忧"之类,称它们是圣贤的言论,无疑并不恰当。

另一个是"集韵增广"中"增广"的含义,一些学者认为指增加见闻或增长知识,笔者认为并不妥当,因为"集韵增广"后紧接"多见多闻"一句,"多见多闻"指的才是增长知识和见闻,因此,这里的"增广",应指增加扩充的意思,具体而言,便是增加扩充有韵律的文句。

2 知己知彼①,将心比心②。酒逢知己③饮,诗向会人④吟。相识满天下,知心⑤能几人?相逢好似初相识,到老终无怨恨心。

【译文】
　　要透彻地了解自己和对方的情况,应该设身处地替别人着想。酒应该在碰到知心朋友时喝,诗要向能理解其中意思的人吟诵。世上到处有你认识的人,但其中真正称得上知心朋友的又有几个?每次与别人相遇时都像刚刚认识时一样,即使到老也不会产生怨恨之心。

【注释】
①知己知彼:对自己的情况和对方的情况都有透彻的了解。彼:对方;他。出自《孙子兵法·谋攻篇》:"知己知彼,百战不殆。"　②将心比心:拿自己的心去比照别人的心,指遇事设身处地替别人着想。将:拿。　③知己:彼此相互了解而情谊深切的人。　④会人:能够领会其中意思的人。会:领悟;理解。　⑤知心:彼此相互了解而情谊深切。

【解读】
　　本段文字说明了人际交往中的一些注意事项,主要包含以下三个方面的内容。
　　一是想要维持良好的人际关系,必须做到"知己知彼,将心比心"。在日常的人际交往中,最忌讳的事情,就是以自我为中心,自以为是,把自己的意见强加给别人,这样必然会导致人际关系的紧张和别人对你的疏远。因此,《增广贤文》明确告诫我们,在人际交往中要做到"知己知彼,将心比心",即首先要充分了解自己和别人,因为只有既充分了解自己的趣味和追求、长处和短处,又充分了解别人的性格特点、所思所想,你才能在与对方的交往中和谐融洽,所言所行恰到好处。其次便是要"将心比心",即遇事时设身处地为对方着想,而不是一厢情愿,甚至强人所难。其实,关于在人际交往中要做到既了解自己,又了解别人,设身处地地为别人着想,古代圣贤还有不少精彩的论述,如《老子》第三十三章中说"知人者智,自知者明",意即了解别人的有智慧,了解自己的可谓达到了内心的澄明。《论语·颜渊篇》中说"己所不欲,勿施于人",意即自己不想要的,就不要施加给别人,等等。

二是人生在世,每个人都肯定会认识很多的人,然而,在这众多你所认识的人中,真正能称得上知心朋友的,却没有几个,即所谓"相识满天下,知心能几人"。这是因为,真正能称得上是知心朋友的人,必是能理解你、关键时刻能帮助你的人,当你心中烦闷苦恼时,你可以向他倾诉;当你遭遇巨大的灾祸时,他会义无反顾地来帮助你。然而,在这个世界上,能做到这样真心待你的人,毕竟是少之又少的,有很多的人,都是在你顺风顺水时,与你称兄道弟;在你有钱有势时,跟你形影不离。而一旦你遭遇祸患、山穷水尽,他们便会纷纷离你而去,而且避之唯恐不及。因此,《增广贤文》告诫我们"酒逢知己饮,诗向会人吟",意即喝酒时,不要跟谁都推杯换盏,推心置腹,而是要跟真正的知己喝,在真正的知己面前醉;吟诗时,不要遇人就向他吟诵,这样很可能是对牛弹琴,白费功夫,而是要向真正懂诗、懂得欣赏你的人吟诵,这样才能获得真正的共鸣。

据《史记·孟尝君列传》记载,孟尝君是战国时期的四公子之一,曾任齐国的宰相,广招各国人才,门下有食客数千。后来,孟尝君被罢官,食客们便纷纷离他而去,只有一个名叫冯骥的食客仍追随他。后来,在冯骥的运作下,孟尝君重新掌握了权力,那些原来离去的食客们便又纷纷前来归附。对此,孟尝君十分生气,表示一定要好好折辱这些门客。然而,冯骥却劝孟尝君说:"富贵多士,贫贱寡友,事之固然也。君独不见夫趣市朝者乎?明旦,侧肩争门而入;日暮之后,过市朝者掉臂而不顾。非好朝而恶暮,所期物忘其中。今君失位,宾客皆去,不足以怨士而徒绝宾客之路。"意思是:一个人在富贵的时候朋友多,贫贱的时候朋友少,这是势所必然的事。你看那赶集的人,天刚亮时,大家争着往市场里挤;等到日落天黑时,路过市场的人都不会多看它一眼,这不是因为人们喜欢早晨而讨厌天黑,而是因为市场里面没有了他们想要的东西。因此,没有必要怨恨那些宾客。冯骥说的话是很有道理的,因为世俗之人大多追名逐利,当发现跟你在一起有利可图时,他们会成天围着你转,一旦发现你已没有了利用价值,便会像躲瘟神一样躲着你。因此,一个真正清醒之人,一定要对世态炎凉有深入的把握和认识。

三是无论是对待熟人还是朋友,都要始终保持一份尊重、一份距离,而不要仗恃自己与对方很熟、关系很"铁"就不分彼此,没了界线和顾忌,这样很容易造成朋友反目,熟人疏离。所以《增广贤文》中说"相逢好似初相识,到老终无怨恨心",即人和人在初次相识时,因为彼此之间并不了解,便会很自然地保持一定的距离,互相尊重。等到相互间交往多了,成了"老熟人",便很容易没了界限,什么话都敢说,什么玩笑都敢开,以至于做出种种冒犯对方、突破对方底线的事情,这样长此以往,当然便会使熟人变成路人,朋友变成怨家。因此,只有始终像刚认识时那样对待熟人或朋友,才能使相互之间一直保持和睦、融洽的关系。

3 近水知鱼性,近山识①鸟音。易涨易退山溪水,易反易复②小人③心。运④去金成铁,时⑤来铁似金。读书须用意⑥,一字值千金。

【译文】
　　临近水能知道鱼的习性,靠近山能识别鸟的叫声。容易上涨也容易退去的是山溪中的水,容易反复无常的是小人的心。运气离你而去的时候黄金也会变得像铁一样贱,时运到来的时候铁也会变得像黄金一样珍贵。读书时一定要用心,因为书中的每一个字都价值千金。

【注释】
①识:识别;认识。
②易反易复:指容易变化无常。　③小人:人格卑鄙的人。　④运:运气;幸运。　⑤时:时机,机会。　⑥用意:用心;专心。

【解读】
　　本段文字主要包含以下四层意思。
　　一是只有深入某事物所处的环境进行考察,才可把握该事物的性质、特点。"近水知鱼性,近山识鸟音",从文字本身来说,指的是靠近水能知道鱼的习性,靠近山能识别鸟的叫声。不过,关于这两句,学者们通常有两种不同的理解:一种认为指生活在水边的人知道鱼的习性,生活在山边的人能识别鸟的叫声;另一种认为指只有靠近水边才能知道鱼的习性,只有靠近山才能识别鸟的叫声。笔者认为,这两句话的实质,是指出要把握某事物的性质、特点,便必须深入某事物所处的环境,作详细的考察,因此,上述两种理解均是可以的。我们现在常说的"没有调查,就没有发言权",说的也是类似的意思。
　　二是指出小人的特点是内心变化无常。"易涨易退山溪水,易反易复小人心",这两句的重点在"易反易复小人心",因为"易涨易退山溪水"是用形象的比喻来说明小人之心的特点的:山溪中的水下点雨就上涨、雨一停就退去,变化不定,而小人之心则恰如这涨退不定的山溪水一样变化无常。而小人的心之所以变化无常,则是因为正如孔子所说"君子喻于义,小人喻于利"(《论语·里仁》),即君子懂得义,小人只懂得利。因为小人只懂得利,一切以是否对自己有利为标准,所以他的心便必然是变化无常的:当你对他有利时,他可以对你

增广贤文

毕恭毕敬，谄媚有加；一旦你对他没有利用价值，他便会翻脸不认人。

三是说明了事物的价值会随着环境的不同而发生很大的不同或改变，即所谓"运去金成铁，时来铁似金"。现实生活中确实存在这样的情况，即一个人，当他运气极佳时，即使他并无多少本事，照样能够官运亨通，飞黄腾达；而当一个人运气不济时，即使他怀有不世之才，也会过着寄人篱下、卑微低贱的日子。就拿诸葛亮来说，虽然其才能出众，有拯救天下之志，但是若不是遇上东汉末年天下大乱、统治者求贤若渴的机会，恐怕亦只能在南阳默默无闻地度过一生。不过，话又说回来，金就是金，铁就是铁，是金子总会发光的，我们不能因为有人倒行逆施，颠倒黑白，把金看得像铁一样贱，把铁看得像金一样贵，就纷纷追求去做铁；"宁为玉碎，不为瓦全"，做人还是要讲一点志气的。

四是强调了读书学习以及用心读书的重要性，因为"一字值千金"，书中的文字有十分重要的价值。"一字值千金"之说出自《史记·吕不韦列传》："吕不韦乃使其客人人著所闻，集论以为八览、六论、十二纪，二十余万言。以为备天地万物古今之事，号曰《吕氏春秋》。布咸阳市门，悬千金其上，延诸侯游士宾客有能增损一字者予千金。"战国时期，秦国丞相吕不韦让他门下的宾客把自己所知的事情写出来，把它们编辑成八览、六论、十二纪，共二十多万字。认为天地万物、古往今来的事情都包罗其中，把它命名为《吕氏春秋》。吕不韦把《吕氏春秋》在咸阳市场的大门上公布，并在上面悬挂千金，邀请各国的游士宾客前来观看，称能够为这部书增加或减少一个字的，就给他千金。后以"一字千金"来形容书法或诗文的价值极高。而正因为"一字值千金"，所以《增广贤文》告诫人们"读书须用意"，即读书时一定要用心。需要说明的是，《增广贤文》在这里所说的"读书"的"书"，并不是泛泛地指所有的书，而是指像《论语》《孟子》《老子》《庄子》那样的不朽经典，这些经典中蕴含着高深的哲理、卓越的智慧，若认真阅读，仔细领会，每个字都能让你受用无穷。故孔子所谓的"朝闻道，夕死可矣"（《论语·里仁》），绝非虚言。至于后世之人为了某种利益或目的而编写的各种文字、书籍，则充斥着垃圾，有的甚至误人子弟，贻害无穷。

4 逢人且①说三分②话，未可全抛③一片心。有意栽花花不发④，无心插柳柳成荫⑤。画虎画皮难画骨，知人知面不知心。钱财如粪土，仁义⑥值千金。

【译文】

与人说话时应该只说三分，不要把自己的想法全都说出来。用心去种花，花却不开放；无心插下的柳枝，却长得绿树成荫。画老虎时能画出虎皮，却难以画出它的骨头；了解一个人时能认清他的长相，却难以知道他的内心。钱财就像粪土一样，仁义则价值千金。

【注释】

①且：宜；应当。一说指暂且；一说指但、只。　②三分：十分之三。　③抛：显露；暴露。　④发：花开放。　⑤荫：树荫，树木枝叶在日光下所形成的阴影。　⑥仁义：仁爱和正义。

【解读】

本段文字主要包含以下四层意思。

一是与人说话时一定要慎重，不要把自己的所有想法都说出来。在中国历史上，因为说话不慎而惹来麻烦甚至招致杀身之祸的例子不胜枚举。如清朝末年，慈禧太后反对光绪帝变法，准备对光绪帝采取行动，光绪帝向康有为求助。康有为把此事告诉了谭嗣同，请他设法帮助光绪帝。谭嗣同去找当时正在天津训练新军的实力派人物袁世凯，希望他能帮光绪帝把慈禧太后抓起来。没想到袁世凯却向慈禧太后告了密，结果光绪帝被软禁，康有为逃往日本，谭嗣同被杀。因为谭嗣同说话不慎，"全抛一片心"，把实情告诉了卑劣小人袁世凯，从而酿成如此大祸，因此，教训是十分深刻的。不过，我们也不能因此就防着所有的人，对谁都不敢说真话，因为那样的人生将是十分孤独而无趣的。所以在这个问题上，正确的观念，还是《论语·卫灵公》中孔子的说法："子曰：'可与言而不与之言，失人；不可与言而与之言，失言。'"意思是：孔子说："可以跟他讲而不跟他讲，这是错失了能给自己带来帮助的人；不可以跟他讲而跟他讲，就是说了不该说的话。"因此，是否"全抛一片心"，关键是要看清对象：对于可靠的人，不妨开诚布公；对于不可靠的人，则不要说"三分"，连"一分"都不应该讲。当然，话又说回来，如何判断某人"可与言"或"不可与言"，这本身又是一件十分困难的事。但是，生活就是如此，没有一帆风顺的人生，人生就是在不断的考验和挑战中度过的。

二是世间之事有时会出人意料，有心去追求的事达不到目的，无意之中却能办成事情。这就是所谓的"有意栽花花不发，无心插柳柳成荫"。在日常生活中，人们总是抱着某种目的去做事情，但有时候过于刻意，反而达不到目的；相反，如果你顺其自然，不去关注追求的目标或事情的结局，却反而能成就事情。据《世说新语·雅量》载，东晋时，太傅郗（xī）鉴从京口派门生给丞相王导送信，希望能从王导的子侄中挑一个人做女婿。王导便让该门生自己去选。该门生遍阅王家子弟的风采后，回去向郗鉴报告说，王家的公子每个人都不错，只是听说我要来为您择婿时，一个个都故作矜持，只有一个人在东床上坦腹而卧，好像没有听说这件事一样。郗鉴马上拍板，就以此坦腹于东床者为女婿。这位大大咧咧的公子是谁呢？原来就是后来大名鼎鼎的书法家王羲之。当然，所谓"有意栽花花不发，无心插柳柳成荫"，反映的毕竟是生活中的特例，而非生活中的普遍现象。因为，当你真的用心去栽花时，花总是会开放的。

三是要认识一个人的内心，不能只凭他的外表和长相，因为正如"画虎画皮难画骨"，我们平时看到的只是表面的东西，内部深藏的东西则很难了解和判断，此即所谓"知人知面不知心"。在日常生活中，每当有人被自己的朋友、熟人、同事、同学等欺骗的时候，人们便常常会发出"知人知面不知心"的感慨，可见"知心"是多么不易。

四是要重仁义轻钱财，即"钱财如粪土，仁义值千金"。这是典型的儒家观念，因为在《论语·述而》中，孔子就说："不义而富且贵，于我如浮云。"意即通过不正义的手段得来的富贵，对于我来说就像天边的浮云一样。在《论语·里仁》中，孔子也说："君子喻于义，小人喻于利。"即君子懂得道义，小人只懂得利益。也就是说，在道义与钱财的关系上，儒家是重道义而轻钱财的。儒家的这一思想，长期被视为处理义利关系的准则。然而，准则归准则，真正要做到却并不容易。在现实生活中，我们常常可以看到一些人为了追求钱财而不顾仁义甚至亲情的例子。这无疑是必须引起我们高度重视并要花大力气去予以解决的事情。不过，在此要说明的是，所谓"钱财如粪土，仁义值千金"，并不是说钱财不重要，因为如果没有钱财，人的基本生活都得不到保障,又谈何仁义?因此,这里说的是:当钱财与仁义两者发生明显冲突时,我们要选择仁义,而把钱财视如粪土;而不是在任何时候都要视钱财为粪土。此正如孟子所说"生,亦我所欲也;义,亦我所欲也。二者不可得兼,舍生而取义者也"(《孟子·告子上》),意即生命是我所热爱的,道义也是我所热爱的,如果两者不能同时得到,就舍弃生命而选择道义。

5 流水下滩①非有意,白云出岫(xiù)②本无心。当时若不登高望,谁信东流③海样④深?路遥知马力⑤,事久见人心。两人一般⑥心,有钱堪⑦买金;一人一般心,无钱堪买针。相见易得好,久住难为人。马行无力皆因瘦,人不风流⑧只为贫。

【译文】

水流下滩头并不是有意而为,白云从山洞中飘出本来就是无心之举。如果当时不是登高远望,谁会相信向东奔流的江河会像海一样深呢?路途遥远才能知道马力量的大小,经历的事情多了才会了解人心的好坏。两个人一条心,就会挣到能买黄金的钱;一个人一个想法,会连买针的钱都没有。刚相见时容易处得很好,住在一起久了就难以相安无事。马奔跑时没有力量,都是因为长得太瘦;人活得不风雅潇洒,只是因为过于贫穷。

【注释】

①滩:江河中水浅、流急、石多的地方。
②岫:山洞。一说指峰峦。　③东流:指向东奔流的江河。
④样:有的本子作"洋"。　⑤马力:马的力量。　⑥一般:一样;同样。　⑦堪:能;可以。　⑧风流:洒脱放逸;风雅潇洒。

【解读】

本段文字主要包含以下四层意思。

一是自然物的运动都是自然而然的,其中既没有什么主宰者,也不是自然物有心而为。如水流下滩头,白云从山洞中飘出,并不是流水或白云有意如此。当然,《增广贤文》在此作此种强调,并不是单纯为了说明自然物的特点,而是希望人们能从中获得启发,在为人处世时一任自然,不要刻意去做某些事情。如"白云出岫本无心"一句,即出自晋代隐士陶渊明的《归去来兮辞》:"云无心以出岫,鸟倦飞而知还。"而陶渊明想借此表达的,正是自己不为世俗名利所累的心境。这种提倡无意、无心的思想其实来自老子道家,因为在《老子》中明确指出:"是以圣人处无为之事,行不言之教"(二章),"为无为,则无不治"(三章),等等。意即圣人按照无为即不妄为的原则来做事情,按照无为的原则来做事情,就没有做不好的事情。

二是某一事物是好是坏需要经受时间的检验,我们不能单凭其一时一地的表现就得出好坏的结论。在日常的生活和工作中,当你与他人不存在利益上的冲突时,会发现身边个个都是好人,他们会关心你,帮助你,与你称兄道弟,亲密无间。然而,你一旦影响到他人的利益,如因为你的成绩出众,让他人感到自卑;如因为你的存在,影响了他人的升迁;……这个时候,你便会发现,同样的一批人,却有人在盼着你倒霉,有人在刻意疏远你,有人在随时准备着给你以致命一击,……因此,正所谓"路遥知马力,事久见人心",只有能经受住各种顺境、逆境考验的关系,才是真正值得信赖的关系。

三是强调了同心同德、齐心协力的重要性。《增广贤文》指出,如果两个人心往一处想,劲往一处使,就很容易实现自己追求的目标,即所谓"有钱堪买金";相反,如果两个人其心各异,甚至同床异梦,则会一事无成,即所谓"无钱堪买针",连买一根针的钱都不会有。对于这一道理,《周易·系辞传》中也说:"二人同心,其利断金。同心之言,其臭(xiù)如兰。"意即两个人同心一意,其作用就像利刃能砍断金属一样。同心一意而说出的话,就像兰花发出的气味一样芳香。

四是强调了物质财富对于人生的重要性:"人不风流只为贫",人活得不风雅潇洒只是因为他没有钱,正如"马行无力皆因瘦"即马无法快速奔跑都是因为长得太瘦一样。此话道出了人生的一个真谛:物质财富是人类生活的基础,一个人如果没有物质财富,生活上捉襟见肘,他便无法活得轻松自在,风雅快活。就连孔子都曾说过"富而可求也,虽执鞭之士,吾亦为之"(《论语·述而》),意即财富如果可以求得,即使是做拿着皮鞭驾车的人,我也干。因此,为了使自己的人生能过得更充实,更快乐,更有意义,通过合理合法的手段去追求更多的财富,是十分重要的事情。在《论语·先进》中,记载有孔子所说的这样一段话:"回也其庶乎,屡空。赐不受命,而货殖焉,亿则屡中。"意即颜回差不多达到仁的境界了吧,却常常陷于穷困。端木赐不认命,去经商营利,猜测市场行情,却常常能猜中。孔子在这里介绍了他的两个很有名的学生,一个是颜回,一个是子贡(即端木赐)。颜回和子贡都是穷人出身,颜回以追求仁道为目标,轻视钱财,所以常常陷于穷困之中。子贡则不认命,他积极从事经商活动,因善于把握商机,所以赚了不少钱。孔子在此要说的关键应是与贫富相关的问题,因为颜回"屡空"而子贡"亿则屡中"便说明两人一穷一富。从孔子的上述话中可以发现，首先，孔子对颜回是赞赏的，因为颜回乐天知命，安贫乐道，遵循的正是儒家的宗旨。其次，孔子对子贡也是认可的，因为子贡去追求财富，而且是靠自己的智慧获得了财富，符合孔子"富而可求也"的标准。再次，孔子心中无疑是充满感慨的，因为，颜回的道德修养达到了很高的水平，却仍生活在贫困之中；子贡的道德修养明显不及颜回，日子却过得很富足。而子贡之所以能过上富足的生活，就在于他"不受命"，即不认命，不甘心受穷。综上所述，我们可以得出这样的结论：安贫乐道固然值得赞赏，但是有德之人不一定非要过贫穷的日子，一个人既有德，又富有，无疑是一种更好的生活状态。

　　需要说明的是，关于本段中的文字，不同的《增广贤文》本子之间存在一些差异，如"登高望"中的"高"，有的本子作"楼"；"海样深"中的"样"，有的本子作"洋"，等等。至于哪一种表述更为恰当，则属于"仁者见仁，智者见智"的问题。

6 饶①人不是痴汉②,痴汉不会饶人。是亲不是亲③,非亲却是亲。美不美④,乡中水;亲不亲⑤,故乡人。莺花⑥犹⑦怕春光⑧老⑨,岂可教人枉⑩度春⑪?相逢不饮空归去,洞口桃花也笑人。红粉佳人⑫休⑬使老,风流⑭浪子⑮莫教贫。

【译文】
知道宽恕别人的就不是愚蠢的人,因为愚蠢的人不会宽恕别人。虽然是亲戚却不是与自己相亲的人,不是亲戚却是与自己相亲的人。不管是不是甜美,都是家乡的水;不管是不是亲近,都是故乡的人。黄莺和鲜花尚且怕春光逝去,怎能让人虚度岁月呢?朋友相遇却不喝酒而回去,连洞口的桃花都会笑话你。不要让美丽的女子变老,不要让风流潇洒的年轻人成为穷人。

【注释】
①饶:宽容;宽恕。 ②痴汉:愚蠢之人;笨蛋。 ③是亲不是亲:是自己的亲戚却不是与自己相亲的人。指虽有亲戚关系却并不亲近。 ④美不美:无论甜美还是不甜美。 ⑤亲不亲:无论亲近还是不亲近。亲:亲近;亲密。 ⑥莺花:一说指黄莺和鲜花;一说指莺啼花开,泛指春天的景色。莺:鸟,身体小,多为褐色或暗绿色,嘴短而尖。种类很多。 ⑦犹:还;尚且。 ⑧春光:春天的景致。 ⑨老:迟暮;老去。多用来指自然景色。 ⑩枉:白白地。 ⑪春:年;岁。 ⑫红粉佳人:指美女。 ⑬休:不要;别。 ⑭风流:洒脱放逸;风雅潇洒。 ⑮浪子:游荡玩乐、不务正业的年轻人。也指风流子弟。

【解读】
本段文字主要包含以下四层意思。

一是要学会宽恕别人。宽恕是儒家提倡的重要美德,如《论语·里仁》中说:"夫子之道,忠恕而已矣。"意即孔子思想的核心,只是忠诚和宽恕罢了。《论语·卫灵公》中也有类似的说法:"子贡问曰:'有一言而可以终身行之者乎?'子曰:'其恕乎!己所不欲,勿施于人。'"

意即子贡问孔子说："有没有一个字可以一生都奉行的呢？"孔子说："大概是'恕'字吧！自己所不想要的，就不要施加给别人。"当别人做了对不起你的事情时，人们往往会想到报复和反击，但是，有时候报复和反击会给自己带来更大的麻烦和伤害，相反，宽恕却能获得意想不到的效果。据《史记·韩长孺列传》载，韩安国字长孺，是西汉时梁国成安（今河南临汝）人。他开始时任梁孝王中大夫，受到汉景帝和窦太后的器重。后来韩安国犯法下了狱，蒙县的狱吏田甲经常侮辱他，韩安国说："死灰难道就不会复燃吗？"田甲说："它什么时候一复燃，我就撒尿浇灭它。"没过多久，朝廷任命韩安国为梁国内史，田甲听说后，吓得赶紧逃跑。韩安国下令说："田甲如果不立即返回岗位，我就灭他全家。"田甲无法，只好光着背来向韩安国请罪。韩安国笑着说："现在你可以撒尿浇我了！你们这些人值得我报复吗？"最终没有为难田甲。在这个故事中，田甲是典型的"不会饶人"的痴汉，韩安国则是会饶人的聪明人。

二是故乡的山山水水、父老乡亲在每个人的生命中有着特殊而重要的意义。因为儿时的记忆总是美好的，而这美好的记忆都与故乡的人物、环境紧密联系在一起。因此，故乡再穷，故乡的人再土，你也不会嫌弃。尤其是对那些外出工作或谋生的游子来说，故乡更是他魂牵梦萦的地方。"美不美，乡中水；亲不亲，故乡人"，直译的意思是：不管是否甜美，都是故乡的水；不管是否亲近，都是故乡的人。言下之意则是：不管是否甜美，故乡的水都是最甜美的；不管是否亲近，故乡的人都是最亲近的。中国人向来有浓重的乡土意识，故各种同乡会遍布中国甚至世界各地。而所谓"老乡见老乡，两眼泪汪汪"，更是形象地描绘了在异地见到老乡时激动无比的情形。

三是要珍惜时光。正如春光短暂，人生也是极其短暂的。韶华易逝，红粉佳人会很快老去，这些都是自然规律，人们无法改变。人唯一能做的，就是珍惜时光、珍惜青春，使它的价值最大化，而不是浑浑噩噩地虚度一生。在中国历史上，苏秦以锥刺股，夜以继日地学习；匡衡凿壁偷光，利用邻居家的灯光在晚上读书；车胤（yìn）把萤火虫装入囊中，利用萤火虫发出的光来看书；……这些都是珍惜时光的典型故事。

四是朋友相聚，当对酒长歌，倾吐衷肠，述说志向。中国是一个酒文化极其发达的国家，酒在人们的生活中有着十分重要的地位，无论是祭祀、节日、聚会乃至外交、战争等场合，都少不了酒的参与，这与酒能使人的血液循环加快、使大脑处于十分亢奋的状态有密切的关系。因此,当朋友相聚时,把酒对饮,便极易激发热情,加强了解,增进感情。故当朋友相遇时,若只是淡淡地聊些家常琐事,而无酒的助兴,无疑是十分令人遗憾的事情,所以《增广贤文》说"相逢不饮空归去,洞口桃花也笑人",连洞口的桃花都会笑话你不知道饮酒对于增进朋友感情的作用,可见你是多么无趣了。现在有一种较为流行的观点,认为酒对人有百害而无一利,因此最好是滴酒不沾。这样的观点只是机械地看待酒对人的生理的害处,而看不到适度饮酒对人的精神的益处,无疑是过于绝对了,估计亦会被"洞口桃花"所讥笑。

7 在家不会迎宾客,出外方①知少主人②。黄金无假,阿魏③无真。客来主不顾④,应恐⑤是痴人⑥。贫居闹市无人识,富在深山有远亲⑦。

【译文】

在家里的时候不知道如何迎接宾客,出门在外的时候才知道没有人愿意接待你。黄金没有假的,阿魏却很少有真的。客人前来时主人不去接待,这样的人恐怕是个傻瓜。贫穷时即使居住在闹市中也没有人认识你,富贵时即使居住在深山中也会有远亲前来拜访。

【注释】

①方:才。 ②主人:接待宾客的人。 ③阿魏:一种有臭气的植物,切断根和根状茎,即有乳状汁流出,此汁干后称阿魏。中医用作帮助消化、杀虫解毒的药物。主产于伊朗、阿富汗和印度。 ④顾:照顾;照应。 ⑤应恐:恐怕;大概。 ⑥痴人:愚蠢的人。 ⑦远亲:血缘关系疏远的亲戚,也指住处相隔很远的亲戚。

【解读】

本段文字主要包含以下三层意思。

一是要懂得待客之道。人是社会性的存在,因此,人际交往是人不可或缺的重要活动。人际交往的重要原则是平等交往,礼尚往来。当客人上门时,你热情接待,那么,你去客人家做客时,人家也会热情地接待你;反之,你对客人没有礼貌,那么,你去做客时,人家也不会愿意招待你,这就是"在家不会迎宾客,出外方知少主人"的含义。"客来主不顾,应恐是痴人",则进一步明确指出不会招待客人的人是一个傻瓜,强调对客人一定要热情招待。有的学者认为,"客来主不顾,应恐是痴人"指的是主人不招待的客人应该是愚蠢之人。这样也能说通,因为从这两句话来看,"应恐是痴人"的主语既可以是"客",也可以是"主人"。

二是物以稀为贵,因此稀少而贵重的东西容易有假。如黄金在古代是一种货币,流通甚广,认识它的人较多,因此不易造假。阿魏是一种产于西域或印度的名贵中草药,因不易获得,认识它的人很少,所以市场上假货充斥。据李时珍的《本草纲目·木部·阿魏》载:"阿魏有草、木二种。草者出西域,可晒可煎,……木者出南番,取其脂汁,……谚云:黄芩(qín)无假,阿魏无真。以其多伪也。"这里值得注意的是,据《本草纲目》,与阿魏相对的是"黄芩"而非"黄金"。黄芩是一种多年生草本植物,叶子披针形,花淡紫色。根黄色,可入药。黄芩产于川蜀、河东、陕西等地,分布较广,容易获得,所以假的很少。另据李时珍解释,黄芩又作"黄莶(qín)"。据此,则本文中的"黄金无假"很有可能是"黄芩无假"之误。而且,从道理上来说,说"黄金无假",并不符合实情,因为黄金亦属于稀有而贵重之物,无论是历史上还是现实生活中,伪造黄金的事情亦屡见不鲜,因此,把这里的"黄金无假"改为"黄芩无假",无疑要更为恰当。

　　三是世上有不少人嫌贫爱富,当你贫穷时,即使居住在闹市中也不会有人认识你;而当你富贵时,即使居住在深山中,也会有人不远千里来找你。因此,"贫居闹市无人识,富在深山有远亲",无疑是对社会现实的真实写照。一方面,我们必须承认此话有一定的合理性,因为在古代社会,解决温饱是许多人劳动和工作的主要目标,当人们为温饱发愁时,首先想到的自然是富人而不是穷人,因为穷人自顾不暇,无法帮助别人解决温饱问题,只有富人才有能力在经济上帮助别人,因此与穷人相比,人们更愿意与富人来往、结交,这是可以理解的。但是另一方面,如果因此而对富人谄媚、巴结,对穷人则鄙视、瞧不起,就沦为势利小人了。因此,如何对待穷人与富人,如何与穷人和富人交往,我们一定要把握某种度。出于现实利益的考虑,你不愿意与穷人交往,这无可非议。但无论穷人还是富人,在人格上都是平等的,穷人并不是低贱的代名词,如果因为某人贫穷,你便对他嘲笑、挖苦,只能说明你的浅薄、无知。据《史记·仲尼弟子列传》载,孔子去世后,他的学生原宪便隐居了起来。子贡做了卫国的宰相后,坐着豪华的车子,带着众多的随从去破巷子里拜访原宪。原宪穿着破衣服与子贡相见,子贡对此感到羞耻,说:"难道你真的如此落魄吗?"原宪说:"我听说没有财产叫作穷,学习大道而不去实践叫作落魄。像我这样是穷,而不是落魄。"子贡听后感到十分惭愧。在中国历史上,明明能富贵却宁可安贫乐道,这样的人是很多的,如"义不食周粟"的伯夷、叔齐,"不为五斗米折腰"的陶渊明,等等。而他们之所以作此种选择,是因为他们认为一个人的理想、志向、品德修养远比物质财富重要。故孔子曾说:"不义而富且贵,于我如浮云。"(《论语·述而》)唐代的刘禹锡在《陋室铭》中也说:"斯是陋室,惟吾德馨。"

▲ "黄金无假,阿魏无真",说明了物以稀为贵,因此稀有的东西容易被人造假的情况。不过,"黄金无假,阿魏无真"中的"黄金"应作"黄芩",黄芩是一种多年生草本植物,分布较广,容易获得,所以很少有假;阿魏则是一种名贵的中草药,不易获得,认识它的人很少,所以市场上假货充斥。此为阿魏(左)和黄芩(右)图,选自绘于明代的《御制本草品汇精要》。

8 谁人^①背后无人说,哪个人前不说人。有钱道真语^②,无钱语不真;不信但^③看筵^④中酒,杯杯先劝^⑤有钱人。

【译文】

　　哪一个人背后不被人议论,又有谁不在他人面前议论别人。有钱的人说的话总被认为是真的,没有钱的人说的话总被认为是假的;如果不相信,你只要去看酒席上的酒,每一杯都是先祝有钱的人。

【注释】

①谁人:何人;哪一个。
②真语:真实的话。
③但:只。　　④筵:宴席,请客的酒席。
⑤劝:祝;祝愿。

【解读】

　　本段文字主要包含以下两层意思。

　　一是几乎每一个人都喜欢议论别人,与此相对应,就是几乎每一个人都会被人议论。喜欢在背后议论别人,这无疑是一种不好的习惯,这一方面是因为社会生活极其复杂,你对某人的议论只是根据你所了解的情况而发,而你所了解的情况很有可能是片面甚至不真实的,因此,你所发的议论亦极有可能是错误的。另一方面是在他人面前议论别人,若口无遮拦,触及别人的隐私,便很容易给自己带来不测之祸,俗话说"祸从口出",说的就是这个道理。因此,在日常生活中,能否做到少在背后议论别人,尤其是不在背后议论别人的短处,是一个人修养高低的重要标志。

　　二是揭示了世俗生活中的一种令人无奈的现象:人们总是认为有钱的人说的话都是真的、有道理的,没有钱的人说的话则是假的、没有道理的,即所谓"有钱道真语,无钱语不真"。为了说明此话所言非虚,《增广贤文》还进一步举例说:看看那些在酒席上敬酒的人,都是先敬有钱的人,就充分说明了这一点。客观说来,一个有钱的人,通常就是一个成功的人;人人都渴求成功,因此人们都愿意听有钱的人说话,都希望从有钱人那里获得有益的经验,这亦是无可厚非之事。但是,若因此就认为凡有钱人说的话都是真的,没有钱的人说的话都是假的,这便大谬不然了。首先,并不是所有的有钱人都是靠勤劳致富的,有的有钱人甚至是靠坑蒙拐骗、靠违法犯罪而发的财,这样的有钱人说的话怎么可能真实呢?其次,在有钱人中亦不乏为富不仁的人,不乏极端自私的人,这样的人是不会把真正有价值的信息告诉别人的。再次,一个人没有钱,并不能代表他没有本事,他或是因为不屑于追求钱财,或是因为有比追求钱财更重要的事情要做,而这样的没钱人说出来的话,无疑比那些只有钱的人说出来的话要有价值得多。《庄子·秋水》中记载,庄子生活贫穷,却生活得自由自在。一天,庄子正在濮水边上钓鱼,楚威王派两位大夫找到他,希望他能出任楚国的重要官员。庄子头也不回地对他们说:"我听说楚国有一只神龟,已经死了有三千年了,楚王把它包上布装在竹箱中,珍藏在庙堂之上。这只龟,是宁愿死后留下骨壳以显示其贵重呢,还是愿意活着而拖着尾巴在烂泥里爬行呢?"这就说明,在庄子看来,贫穷而自在的日子,比富贵而没有自由的生活更值得追求。因此,有钱,并不代表更真实、更有价值。

9 闹里①有钱,静处安身②。来如风雨,去似微尘③。长江后浪推前浪,世上新人赶④旧人。近水楼台先得月⑤,向阳花木早逢春。

【译文】

喧哗热闹的地方有钱可赚,静谧安宁的地方适合居住和生活。来的时候像狂风暴雨一般猛烈,去的时候像细小的尘埃那样无形。长江的后浪推涌着前浪,世上的新人赶逐着旧人。靠近水的楼台可以最先得到月光,面朝太阳的花木可以更早地感受到春天的到来。

【注释】

①闹里:喧哗热闹的地方。②安身:指在某地居住和生活。③微尘:极细小的尘埃。④赶:追赶;追逐。有的本子作"趱(zǎn)"。⑤得月:指得到月光的照射。

【解读】

本段文字主要包含以下四层意思。

一是揭示了热闹和安静是一对矛盾。一个人要发展,要取得成功,就必须去热闹的地方,因为热闹的地方人多,机会也多。然而,一个人想要好好地休息,不受干扰,就要到安静的地方,如果整天人来人往,访客不断;人声鼎沸,噪音盈耳,你是没法身心放松地休息的。那么,一个人究竟应该选择热闹的地方还是安静的地方呢?这便与每个人的追求相关。一个想要在事业上大展宏图的人,就只能选择热闹而牺牲休息;反之,一个想要安静地过日子的人,则不妨离开繁华的闹市。当然,如果能找到闹中取静的地方,或能做到身居闹市而心在深山,当然就最理想了。

二是出现时要有声势,退去时要隐于无形,即所谓"来如风雨,去似微尘"。对于这两句话的确切含义,人们有不同的解读,或认为指活着的时候轰轰烈烈,死后归于沉寂;或认为指人成名的时候名噪一时,失去名声的时候一钱不值。其实还可以作其他的解读,如可以指军事行动,实施攻击时如雷霆万钧,撤退时则静默无声;也可以指巨大的社会变革,到来时激烈动荡,消失时归于无形。总之,我们只要弄清这两句话的实质就行,这个实质就是:要做就脚踏实地,造成声势,使人们明晰可见;不做或做完以后就悄无声息,仿佛一切都不曾发生过。据《汉书》记载，张良对汉朝的建立居功甚伟，刘邦就曾这么评论张良："夫运筹帷幄之中，决胜千里之外，吾不如子房（张良）。"然而，在汉朝建立后大封功臣时，张良却辞掉了三万户的封赏，自愿封为留侯，并表示愿意追随赤松子（传说中的仙人）修道。在汉朝初年对功臣的血腥屠戮中，张良能够得以善终，就与他这种"功遂身退"的处世态度与做法有直接的关系。因此，张良的一生，真可谓是"来如风雨，去似微尘"。

　　三是一切事物都处在变化发展之中，后起的东西总是要超过以前的东西，就像长江的后浪推涌着前浪，后起之秀必将超越前辈。此正如《论语·子罕》中所说："后生可畏，焉知来者之不如今也？"意即年轻人是可怕的，怎么知道后来的人就赶不上现在的人呢？人类科技的发展，从茹毛饮血的石器时代发展到现在的星际穿行、基因工程，充分说明了"世上新人赶旧人"是必然的历史趋势。

　　四是由于人们在社会上处于不同的位置，所得的机遇也各不相同，那些处于优越位置的人便更容易得到好的机会，恰如在靠近水边的楼台上就可以最先得到月光，面朝太阳的花木可以更早地感受到春天的到来。"近水楼台先得月，向阳花木早逢春"两句，见于宋代俞文豹的《清夜录》："范文正公（范仲淹）镇钱塘，兵官皆被荐，独巡检苏麟不见录，乃献诗云：'近水楼台先得月，向阳花木易为春。'公即荐之。"范仲淹向朝廷举荐了不少身边的官员，苏麟因在外县任巡检，离范仲淹远，没有被及时推荐，故写"近水楼台先得月"以表达不满。后以"近水楼台先得月"比喻由于与某人或某事物近而处于首先获得利益的优越地位。"近水楼台先得月"，这样的事情当然很不公平，但是，人们在有什么好事时，往往首先想到的是自己身边的人，是自己熟悉且了解的人，这也是情理使然，令人颇感无奈。

10 古人不见今时月,今月曾经照古人。先到为君①,后到为臣②。莫道君③行早,更有早行人。莫信直中直④,须防仁不仁⑤。山中有直树,世上无直人⑥。

【译文】

古代的人看不见今天的月亮,今天的月亮却曾经照射过古代的人。先到的做君主,后到的做臣子。不要说你走得早,还有比你走得更早的人。不要相信那些自称十分正直的人,要防止那些假装仁义的人。山中有长得很直的树,世上没有真正正直的人。

【注释】

①君:君主,古代国家的最高统治者。 ②臣:君主时代的官吏,有时也包括普通民众。 ③君:对他人的尊称。 ④直中直:正直中的正直。指十分正直。直:正直;公正。 ⑤仁不仁:指表面仁义而实际却不仁义。 ⑥直人:正直的人。

【解读】

本段文字主要包含以下三层意思。

一是人生短暂,天地日月却长存不变,因为天上的月亮曾经照过古代的人,但古代的人却看不到今天的月亮。"古人不见今时月,今月曾经照古人"两句,出自李白的《把酒问月》诗:"今人不见古时月,今月曾经照古人。古人今人若流水,共看明月皆如此。"虽然把诗中的"今人不见古时月"改成了"古人不见今时月",但意思并没有什么实质性的改变,表达的都是人在一代一代地更替,但天上的明月却无论古代还是现代,都一如既往地悬挂于空中,没有丝毫改变,从而使人油然发出对人生短暂的感慨和无奈。

二是强调了争先、赶早的重要性。文中说"先到为君,后到为臣",说得似乎有些绝对,但历史上确实曾经发生过这样的事情。据《史记·齐太公世家》记载,春秋时期,齐国发生动乱,流亡国外的公子小白和公子纠争相回国,因为当时齐国没有国君,他们俩谁先回到国内,谁就能当国君。结果公子小白抢先一步回到齐国,于是成了齐国国君,他就是后来被称为春秋五霸之一的齐桓公。而公子纠则连称臣的机会都没有,他在齐桓公的逼迫下,被鲁国人杀死。由此可见赶

增广贤文

▲"莫道君行早,更有早行人",张良应老人之约,一大早就去桥上与老人相会,却每次都比老人到得晚。后来,张良半夜就去了桥上,终于比老人早到一步。老人看到了张良的诚心,便把珍贵无比的《太公兵法》授给了张良。此为"松下著履"图,明代蒋嵩绘,描绘了张良强忍怒气为老人穿鞋的情形。

早、争先是多么重要了。而且,在赶早的问题上还要注意,不是自认为早就行了,还要防止有比你更早的人,即所谓"莫道君行早,更有早行人"。据《史记·留侯世家》记载,张良曾经在下邳(pī)的桥上从容散步,有一位老人,穿着粗麻布短衣,来到张良身边,故意让自己的鞋掉到桥下,回头对张良说:"小伙子,下去把我的鞋取上来!"张良感到很吃惊,想要揍他,但因为见他是个老人,就强忍着怒气,下桥把鞋取了上来。谁知这个老人又说:"把鞋给我穿上!"张良因为已经把鞋捡上来了,就只好弯下身去帮他把鞋穿上。老人伸脚让他穿,之后就笑着离开了。后来,老人与张良相约,让他五天后的一大早到桥上来相见。然而,当五天后张良一大早来到桥上时,发现那位老人已在桥上等他。老人愤怒地对张良说:"与老人相约,怎么能比老人来得晚呢?五天后一早再来相会。"五天后,公鸡刚开始打鸣,张良便去桥上了,然而老人仍然先于他一步。于是便又约定在五天后一早相会。到了那天,张良在半夜前就去了桥上。过了一会儿,老人也来了。老人这才高兴地说:"本来就应如此。"经过几次考验,老人终于把一本书送给了张良。这本书名叫《太公兵法》,它对后来张良辅佐刘邦建立汉朝起了重要的作用。由此可见,有时候的所谓早晚,不是你自己以为的那样,只有你比别人早,才是真的早。

三是世界上并无真正正直的人,即所谓"莫信直中直""世上无直人"。这样的说法无疑显得有些绝对,因为在大多数人看来,世上正直的人还是不少的,因此,《增广贤文》中这样说,应当与其对"正直"的理解有关。也就是说,《增广贤文》是把"正直"理解为绝对的公正坦率,从这个角度而言,则其所说大致还是符合实情的。因为只要是人,便免不了会有私心,而人一旦有了私心,便不可能做到完全正直。除非一个人经过长期的道德修养,成了圣人,才会变成彻底正直的人。然而世界上真有圣人吗?就连被称为"大圣人"的孔子都说:"若圣与仁,则吾岂敢?"(《论语·述而》)意即要说圣和仁,那我怎么敢当!就更不要说芸芸众生、凡夫俗子了。因此,在现实生活中,若有人标榜自己是一个正直的人,我们就必须打上一个大大的问号。在《论语·公冶长》中有这样一则记载:"子曰:'吾未见刚者。'或对曰:'申枨(chéng)。'子曰:'枨也欲,焉得刚?'"意思是:孔子说自己没有见过真正刚直的人。有人对他说,申枨就是刚直的人。孔子说,申枨这个人欲望太多,怎么能做到刚直呢?也就是说,在孔子看来,一个人要真正做到刚直,便必须没有过多的欲望,然而,作为一个普通人,又怎么可能没有各种欲望和追求呢？所以世上很少有真正刚直的人。需要指出的是，对于"莫信直中直"中的"直中直"，学者们有不同的理解，如有的认为指"吹嘘自己正直的人会真的正直"，有的认为指"表面上正直的人"，等等。笔者认为，这些均属于意译，"直中直"当指正直中的正直，也就是十分正直的意思。

11 自恨①枝无叶,莫怨太阳偏②。大家都是命③,半点不由④人。

【译文】

应该遗憾自己的树枝上不长叶子,不要去抱怨太阳不够公平。大家都受命运的支配,半点都由不得自己。

【注释】

①恨:遗憾。 ②偏:不公正;偏袒。 ③命:命运,迷信的人指人一生注定的生死、贫富和一切遭遇。 ④由:听凭;听任。

【解读】

本段文字主要包含以下两层意思。

一是当遇到不如意之事的时候,不要一味地去怨天尤人,而应多从自己身上寻找原因。一棵树,其树枝上没有长出叶子,或许是因为该树枝已经枯死,或许是因为缺少水分,等等,却去怨恨太阳偏心,给予自己的光照太少,这无疑是没有道理的。《老子》第七十七章中说"天之道,其犹张弓与?高者抑之,下者举之;有余者损之,不足者补之",意思是:自然的规律,不是正像拉弓射箭一样吗?高了就向下压,低了就往上抬;用力过大就减小些,用力不够就加大些。我们平时做事情,有成有败,这是很自然的,当事情失败时,我们要做的,是找到失败的原因,不去做过头的事情,把不足的弥补上,这样下次再做时,便能取得成功了。否则,你不去总结失败的经验教训,只是一味地埋怨老天无眼,你便永远不可能有取得成功的一天。

二是人所遭遇的一切都是命中注定的,即所谓"大家都是命,半点不由人"。这种观念当然是错误的。在现实生活中,我们常常能见到这样的情形,就是有的人不管如何努力,如何奋斗,都无法取得成功;有的人则似乎轻轻松松便获得了财富,不知不觉间便功成名就了。于是人们便会发出感叹:看来一切都是命中注定的,命中该有的,不用奋斗,也会得到;命中没有的,你再努力也是白费。殊不知这样的认识是极其表面、极其肤浅的。因为有的人之所以不断努力,却一直失败,极有可能是他努力的目标和方法有问题;有的人看上去轻轻松松便获得了成功,那是因为你没有看到他背后的艰苦努力和辛勤付出。因此,只要目标正确,方法得当,付出总有回报,这才是人生的真谛。

12 一年之计①在于春，一日之计在于寅②，一家之计在于和③，一生之计在于勤。责④人之心责己，恕⑤己之心恕人。守口如瓶⑥，防意如城⑦。

【译文】

一年的计划在春天就要考虑安排，一天的计划在寅时就要考虑安排，一个家庭的计划关键在于和睦，人的一生的计划关键在于勤奋。用要求别人的心理来要求自己，用宽容自己的心理去宽容别人。闭嘴不说，就像塞紧了瓶口的瓶子一样；防止私欲萌生，就像守城防敌一样。

【注释】

①计：计划；打算。　②寅：指凌晨三点至五点钟。　③和：融洽；谐调。　④责：要求；期望。　⑤恕：宽容；原谅。　⑥守口如瓶：闭嘴不说，就像塞紧了瓶口的瓶子一样。形容说话谨慎或严守秘密。　⑦防意如城：防止私欲萌生，就像守城防敌一样。意：念头，想法。这里指私欲。

【解读】

本段文字主要包含以下三层意思。

一是以"一……之计"的形式表达了"一年""一日""一家""一生"需要注意的关键之处：春天是一年的开始，所以一年的关键，在于春天就要计划好这一年该怎么过；寅时（即凌晨三至五点钟）是一天的开始，所以在寅时就要为这一天该怎么过作出安排；家和万事兴，所以一个家庭的计划的关键在于和睦；业精于勤荒于嬉，学业或事业因为勤奋而精通，因为漫不经心而荒废，一个人只有勤奋学习，努力工作，才会提高自身的素质，使自身的价值最大化，所以一个人一生计划的关键在于勤奋。这里要指出的是，"一日之计在于寅"原作"一日之计在于晨"，出于南朝梁萧绎的《梁帝纂要》："一年之计在于春，一日之计在于晨。"不过，"在于寅"与"在于晨"，两者在这里的意思差不多。

二是对自己的要求必须严格，对他人则应宽容。人们在不自觉中都会犯一个毛病，就是宽于律己，严于待人。当自己犯了错误时，总会找种种借口来为自己辩解；而当别人犯错误时，则严格要求，甚至苛求对方,不给对方辩解的机会。但是,这样的做法,往往是很难使人信服的,各种矛盾和冲突也常常由此产生。故《增广贤文》指出,应该采取一种与之相反的做法,即用要求别人的心理来要求自己,用宽恕自己的心理来宽恕别人,这样,便能避免诸多的矛盾和冲突。据《宋史·范纯仁传》记载:"纯仁性夷易宽简,不以声色加人,……每戒子弟曰:'人虽至愚,责人则明;虽有聪明,恕己则昏。苟能以责人之心责己,恕己之心恕人,不患不至圣贤地位也。'"范纯仁是范仲淹的第二子,曾任中书侍郎、观文殿大学士,一生主张用"忠""恕"二字待人。他认为一个人如果能做到"以责人之心责己,恕己之心恕人",便能成为圣贤。据《论语·卫灵公》载,孔子的弟子子贡问孔子:"有没有一辈子都可以遵行的一个字呢?"孔子说:"那就是'恕'字吧!自己所不想要的,就不要强加给别人。"本段文字中的"责人之心责己,恕己之心恕人",亦可看作"己所不欲,勿施于人"的另一种形式的表达。

三是说话要谨慎,要严防私心杂念,即所谓"守口如瓶,防意如城"。"守口如瓶,防意如城"的说法见于宋代晁说之的《晁氏客语》:"刘器之(安世)云:富郑公(弼)年八十,书座屏云:'守口如瓶,防意如城。'"意思是:刘安世说,富弼在八十岁时,在自己座位旁的屏上写了这么几个字:"守口如瓶,防意如城。"不过,富弼所写的文字并非自己创造,而是引自佛教经典《维摩经》,只是《维摩经》中作"防意如城,守口如瓶",次序恰好颠倒。"守口如瓶,防意如城",说明一个人的嘴要严,意要密,平时不多说话,因为"祸从口出";少起私心杂念,因为正如《老子》中所说"吾所以有大患者,为吾有身"(十三章),意即我之所以有大的祸患,是因为我执着于自身,过多地为自己考虑。当然,对于一个普通人来说,要做到"守口如瓶,防意如城"是十分困难的,但是,要想真正拥有一个与众不同的精彩人生,"守口如瓶,防意如城"又是不可或缺的功课。

13 宁可人负①我,切莫②我负人。再三须重事③,第一莫欺心④。虎生⑤犹⑥可近⑦,人熟不堪⑧亲⑨。来说是非⑩者,便是是非人。

【译文】

宁可别人辜负我,千万不要我辜负别人。遇到事情要慎重对待,反复考虑,首先是不要自我欺骗。未经驯服的老虎还可以接近,人太熟悉了就不能亲近。前来说别人是非的人,本身便是制造是非的人。

【注释】

①负:背弃;辜负。　②切莫:千万不要。　③重事:重大的事。这里当指慎重地对待事情。重:慎重;谨慎。有的本子作"慎意"。　④欺心:自己欺骗自己;昧心。　⑤生:指未驯服。一说指生猛。　⑥犹:还;尚且。　⑦近:接近。　⑧堪:能;可以。　⑨亲:亲近;接近。　⑩是非:口舌;纠纷。

【解读】

本段文字主要包含以下三层意思。

一是人生在世,不要去做对不起别人的事情。人与人相处,难免会产生思想观念或利益方面的冲突,那么如何对待此冲突呢?有的人主张主动出击,先发制人,因为"先下手为强,后下手遭殃",若对方先动手,自己必会吃大亏;有的人则主张采取守势,人不犯我,我不犯人,人若犯我,我再犯人。《增广贤文》则主张采取与上述不同的方式:宁可别人辜负我,我也不可辜负别人。也就是说,宁愿自己蒙受损失,也不要为了自己的利益而去侵害别人。这样一种做法,因为体现了忠厚忍让、吃亏是福的处世态度,因而受到不少人的推崇。

其实,"宁可人负我,切莫我负人"原作"宁我负人,毋人负我",出自《三国志·魏书·武帝纪》裴松之注引孙盛《杂记》:"(曹操)闻其食器声,以为图己,遂夜杀之。既而凄怆曰:'宁我负人,毋人负我!'遂行。"东汉末年,曹操因暗杀权臣董卓不成,匆忙逃跑。路上遇到一个朋友,请他到家里住下,并为他准备食物。夜里,曹操听到移动食物器皿的声音,以为这位朋友将出卖自己,便连夜把他杀了。事后凄然地说:"宁可我辜负别人,不可让别人辜负我。"需要注意的是,曹操说此话是有特殊背景的,那就是在面临生死存亡的关键时刻,他不愿意拿自己的性命去冒险,才有如此之言行。

二是对身边的熟人要特别提防,不要因为熟悉而对他放松警惕。现在流行一个词,叫作"杀熟",即一些无良之人,专门坑骗自己的熟人或朋友,以获取利益。文中说"人熟不堪亲",即太熟悉的人不要亲近,为什么呢?因为太熟悉的人对你十分了解,要坑你非常容易。与被素不相识的人欺骗相比,受到熟人的欺骗,给人带来的伤害要大得多。而要避免这种伤害,首先就是不要盲目信任熟人,千万不要把熟人等同于可靠或可信的人。不过话又说回来,"虎生犹可近,人熟不堪亲"的说法亦未免有些过于绝对,因为并不是所有的熟人都会设法来坑骗你,那些利用熟人关系行欺骗之事的人毕竟只是少数。但是,把社会中存在的某些现象揭示出来,并加以夸大,以起到警示的作用,亦是《增广贤文》一书的一个重要特点。

三是要提防搬弄是非的人。人人都追求和谐宁静的生活,可是树欲静而风不止,总是有一些不如意的事情纠缠着你。而在诸多不如意的事情中,有一些则是人为制造出来的。如有的人在背后议论你几句,说几句不中听的话,发议论的人或许就是随口这么一说,你不知道也就罢了,却偏偏有一些好事之人,把别人对你的议论告诉了你,有的甚至添油加醋,希望引起你的重视。遇到这样的事情,你自然会痛恨那个在背后议论你的人,而对前来传话的人心存感激,认为他是在为你着想。然而,如果你反过来想一想:假如他不把别人的议论告诉你,你就什么都不知道,既不会心烦,也不会生出对那个议论你的人的怨恨之心。因此,此时你该责怪的其实是那个传话的人,而不是那个议论你的人。所以说"来说是非者,便是是非人",我们一定要擦亮眼睛,不要让自己被"来说是非者"牵着鼻子走。

14 远水难救近火,远亲①不如近邻。有茶有酒多兄弟,急难②何曾③见一人。人情④似纸张张薄,世事如棋局局新。山中也有千年树,世上难逢百岁人。

【译文】

远处的水很难用来救灭近处发生的大火,住得很远的亲戚不如近处的邻居。有茶有酒的时候身边称兄道弟的朋友很多,等你碰到危难之事的时候却一个来帮忙的人都见不到。人的情分就像纸一样每一张都十分单薄,世上的事情就像棋局一样每一局都是新的。山中也有生长千年的古树,世上很难碰见活到百岁的老人。

【注释】

①远亲:住处相隔很远的亲戚。
②急难:危难;危急的事。 ③何曾:用反问的语气表示未曾、没有。
④人情:人与人的情分。

【解读】

本段文字主要包含以下三个方面的内容。

一是认为人情是实实在在的东西,它需要人们在日常交往中加以维护。通常说来,有血缘关系的亲情是最重要的,它大于朋友之情和邻里之情,然而,如果亲情缺乏培养和维护,如亲戚之间相隔遥远,且互相之间很少来往,则它还不如邻里之情。因为邻里之间抬头不见低头见,长期生活在同一个环境中,碰到事情可以相互帮助,由此建立起来的感情便能超过某些亲情,所以说"远亲不如近邻"。当然,话又说回来,真正的亲情如父母子女之情、兄弟姐妹之情,因为有血缘关系的缘故,亦是邻里之情所无法替代的。

二是人情往往是势利的,当你事业顺遂、有钱有势的时候,家中常常高朋满座;然而,你一旦遭遇不测、无财无势,那些昔日的"高朋"便会一个个离你远去。所以《增广贤文》慨叹"人情似纸张张薄"。当然,说人情薄如纸,这只是问题的一个方面,因为世间还是存在真情的,如管仲与鲍叔牙相交,鲍叔牙主动把相位让给管仲;刘、关、张桃园三结义,生死不渝,等等,都是典型的例子。

三是慨叹人生短暂:山中的树都可以活到千年,人却连活到一百岁都很难。这与前面第10段"古人不见今时月,今月曾经照古人"的说法一脉相承，无论是月亮的亘古长存，还是山中的树活千年，都说明它们比人存在的时间要长得多。然而这亦是无可奈何之事，迄今为止，人除了珍惜光阴，不让时间虚度，并无让寿命无限延长之妙法。中国道教追求长生不死，并为此发明了存思、坐忘、服食丹药等种种方术，但这些方术是否真的有效，除了信仰道教之人，人们大多还是持怀疑甚至否定的态度。

15 力微休①负重②,言轻③莫劝人。无钱休入众④,遭难莫寻亲。平生⑤莫作皱眉事⑥,世上应无切齿⑦人。士⑧者国之宝,儒⑨为席上珍⑩。

【译文】
　　力气小就不要去背负重物,说话没有分量就不要去劝说别人。没有钱就不要与众人在一起相聚,遭遇灾难时不要去向亲戚求助。一生不做让自己忧虑或不高兴的事情,世上应该不会有痛恨你的人。士人是国家的宝贵财富,儒生是座席上的珍宝。

【注释】
①休:不要。　②负重:身背重物。负:用背载物。　③言轻:说出的话得不到重视。　④入众:这里当指与众人在一起相聚。一说指到人多的地方去;一说指与有钱人交往。　⑤平生:一生;有生以来。
⑥皱眉事:使人忧虑或不高兴的事情。
⑦切齿:咬紧牙齿,形容非常愤恨。
⑧士:智者;贤者。后泛指读书人。
⑨儒:儒生,信奉儒家学说的人。
⑩席上珍:座席上的珍宝。比喻儒者美好的才学。

【解读】
　　本段文字主要包含以下两层意思。
　　一是告诫人们不要去做这样五种事情:1.力气小而去背负重物,当然也包括能力不足却去担当重任;2.说话没有分量却去劝说别人;3.没有钱却去与众人相聚;4.遭遇灾难时去向亲戚求助;5.做出来的事情让自己皱眉头、不高兴。这其中,不去做1、2两种事情比较容易理解,因为所说都是生活中的常识,唯有不去做3、4、5三种事情不太好理解,需要作进一步的说明。为什么没有钱就不要与众人相聚呢?因为与众人相聚就难免发生需要花钱的事,如一起吃喝、游玩等。正常情况下,大家轮流做庄,其乐融融。而当你没有钱时,你就只能占别人的便宜,这样久而久之,你就会被大家讨厌。所以当你手头没有钱时,就不要再与众人待在一起。不过,关于"无钱休入众"一句,学者们有不同的理解,如有的认为"休入众"指不要到人多的地方去,有的认为指不要与有钱人交往,有的认为指不要到人群中去,但大多缺乏进一步清晰的说明。

当一个人遭遇灾难时,会很自然地向最亲近的人如亲戚求助,为什么这里却说"遭难莫寻亲"呢?这其实也是从人情势利的角度来说的。因为喜欢锦上添花、不爱雪中送炭,扶强不扶弱,是一些人根深蒂固的坏毛病。当你春风得意、事业顺遂时,你去见自己的亲戚,他们肯定会十分热情地接待你,因为他们希望能借此沾你的光;而当你落魄不堪、两手空空时,你再去见自己的亲戚,他们就会生怕你提什么要求,从而给他们带来麻烦和损失。越剧《五女拜寿》演绎的故事就很有代表性。明朝嘉靖年间,户部侍郎杨继康有五个女儿,都已结婚成家。因杨继康身居高位,所以这些女儿女婿都对他十分恭敬。后来,杨继康因得罪权臣严嵩而被抄家,便只好去向女儿女婿们求助,然而其中的四个女婿竟都予以拒绝,有的甚至生怕惹祸上身,从而落井下石。所以当你遭遇灾难时去找亲戚,是十分忌讳的事情。当然,当你遇到灾难时,也不乏有一些亲戚会雪中送炭、慷慨相助,但这就要看你的运气了。

"平生莫作皱眉事,世上应无切齿人",关于这两句,值得我们注意的是"皱眉"的主语是什么,是"我",还是别人? 大家知道,"皱眉"意为双眉攒聚不舒展,表示忧虑或不高兴的样子。若这里"皱眉"的主语是别人,则这两句意为:一生中不要去做让别人不高兴的事情,世上应该不会有切齿痛恨你的人。但这样的表述无疑有重复累赘之嫌,因为你既然没有做让别人不高兴的事情,则别人怎么可能会痛恨你呢? 因此这样的说法相当于一句废话。故在笔者看来,这里的"皱眉",指的应该是"我"、自己,这两句意为:一生中不要去做让自己皱眉不高兴的事,世上应该不会有切齿痛恨你的人。这样来理解,突出了人生自我作主的意味,也就是说,当你准备做一件事情的时候,你不用先考虑别人会怎么看你,而是先扪心自问,若你去做此事,你的良心是否安宁,你是否会因此而感到恐慌或焦虑? 若没有这样的感觉,你便可以放心大胆地去做,而这样做的结果,是肯定不会有人痛恨你。在《诗人玉屑》卷十七中有这样一则记载:"邵尧夫居洛四十年,安贫乐道,自云未尝皱眉,故诗云:'平生不作皱眉事,天下应无切齿人。'所居寝息处为安乐窝,自号安乐先生。……虽惟高洁,而对宾客接人,无贤不肖贵贱,皆欢然相亲。"邵尧夫即邵雍,是北宋著名的理学家,《诗人玉屑》中说邵尧夫"自云未尝皱眉",又说"无贤不肖贵贱,皆欢然相亲",正是这里的"平生莫作皱眉事,世上应无切齿人"之意。而且其中的"自云未尝皱眉",明确指出是邵尧夫自己未曾皱过眉头,而不是不让别人皱眉头,此亦可为"皱眉"的主语当为自己而非别人之佐证。

二是强调了读书人尤其是儒生的重要性,称他们是"国之宝""席上珍"。"儒为席上珍"的说法出自《礼记·儒行》:"哀公命席,孔子侍,曰:'儒有席上之珍以待聘'"。意即鲁哀公命左右之人为孔子铺上席子,孔子陪鲁哀公坐定,说:"儒者之德就像座席上的珍宝,等待人君召聘。"后以"席上珍"或"席珍"比喻儒者美好的才学。重视读书人的作用,给读书人以较高的社会地位,这是中华文明中值得我们重视的优良传统。

16 若要断酒法①,醒眼②看醉人。求人须求英雄汉③,济④人须济急时无⑤。渴时一滴⑥如甘露⑦,醉后添杯⑧不如无。久住令人贱⑨,频⑩来亲也疏。

【译文】

如果想要找到戒酒的方法,就用清醒的眼光去看喝醉酒的人。求人要去求英雄好汉,要救助的是那些急需救助的人。口渴的时候一滴水也会像甘露一样甜美,喝醉以后再往杯中添酒就不如不添。在别人家里住得太久会遭人鄙视,来的次数太多则再亲近的关系也会疏远。

【注释】

①断酒法:指戒酒的方法。 ②醒眼:清醒的眼光。 ③英雄汉:有志气、节操和作为的男子。有的本子作"大丈夫"。 ④济:救助。 ⑤急时无:指急需的时候缺乏的。 ⑥一滴:指一滴水。 ⑦甘露:甜美的露水。 ⑧添杯:往酒杯中添酒。 ⑨贱:轻视;鄙视。 ⑩频:有的本子作"贫"。

【解读】

本段文字主要包含以下三层意思。

一是最好的戒酒方法就是在你清醒时去看那些醉汉的丑态。众所周知,适量喝酒有益于健康,过量喝酒则不但会损害健康,有时还会做出让人后悔莫及之事,如醉后言隐私,醉后失态,醉后撒泼,甚至醉后伤人,等等。既然酒醉的后果如此严重,一个有理智的人,自然会想到要戒酒。但是,有过戒酒经历的人都知道:每当你醉后痛苦不堪的时候,就会发誓,以后再也不喝酒了;可是当下次再有机会喝酒时,你又会不知不觉地把自己灌醉。如何防止这种恶性循环呢?《增广贤文》提出的方法是去看醉汉的丑态。这当然会产生一定的作用,但要真正借此达到戒酒的目的,恐怕也不是那么容易。不过,对于这两句话,我们不妨从更宽泛的角度来理解:人要防止犯某种错误,可以从犯有此种错误的人身上吸取教训。如我们要防止腐败,可以开展反腐败警示教育,让那些已经被法办的腐败官员出来现身说法;如我们要劝孩子好好学习,可以以那些不爱学习从而荒废一生的人的经历为例子来进行教育;等等。《论语·里仁》中说:"见贤思齐焉,见不贤而内自省也。"即看见贤人,就想着要跟他一样;看见不贤的人,就要在内心进行自我反省。说的也是类似的道理。

二是无论求人还是帮人，都要选择正确的途径。求人的正确途径是找英雄好汉帮忙，即找那些有魄力、有担当、有节操的男子汉，这样的人，一旦答应帮你忙，便会排除一切困难帮你到底。据《史记·刺客列传》载，春秋时期，吴国的公子光想杀死吴王僚，自立为君，于是找勇士专诸帮忙。公子光对待专诸十分尊敬，专诸被感动，便答应了公子光的请求。一次，公子光请吴王僚到自己家里做客，吴王僚为防止公子光发动袭击，带去了大批武士保护自己。专诸则假装为吴王僚上菜，抽出藏在鱼肚子里的匕首，一下子就刺死了吴王僚，专诸也随即被吴王僚的武士杀死。在这个故事中，专诸明知自己此举必死无疑，但为了报答公子光的知遇之恩，仍义无反顾地去完成自己的承诺。因此，专诸无疑当得起"英雄汉"的称号。

求人如此，那么帮人的正确做法又是什么呢？《增广贤文》的建议是"济急时无"，即救助那些确实需要救助的人。为什么这么说呢？因为"渴时一滴如甘露，醉后添杯不如无"，口渴的时候喝一滴水也会感到甜美无比，喝醉以后再往杯中添酒则不如不添。言下之意是：那些真正需要救助的人，哪怕你给他很少的一点帮助，也会十分管用；相反，那些不需要救助的人，你给他再多的帮助也没有多少用处。这种说法当然是十分有理的，然而，在现实生活中，却常常不是如此。有一些人，他们宁可把好处给富人，也不愿意给穷人。因为把好处给富人，他可以获得回报；而把好处给穷人，他得不到什么回报。正因为一些人从个人私利出发，所以在现实生活中，常常是锦上添花者众多，而雪中送炭者寥寥。此正如《老子》第七十七章中所说"天之道，损有余而补不足；人之道则不然，损不足以奉有余"，意即自然的规律，是减少有余的，弥补不足的；世俗之人的规则却不是这样，它是减少不足的，去供给有余的。老子此话可谓一针见血。

三是人与人之间的交往要保持一定的度。老死不相往来当然不好，过于频繁的往来或长期在亲戚朋友家居住也很不好，因为它会使人产生厌烦心理，即所谓"久住令人贱，频来亲也疏"。"久住令人贱"的观点在前面第5段中也有类似的表述："久住难为人"，即在一起住的时间长了就难以相安无事。因为每个人都有自己需要做的事情，你长期住在别人家里，别人就需要不断付出时间和精力来陪伴你、照顾你，这样势必会耽误人家的正事，人家当然亦会因此而烦你、讨厌你。因此，这些都属于人之常情，用不着作过多的解释。

17 酒中不语①真君子②,财上分明③大丈夫④。出家⑤如初,成佛⑥有余。积金千两,不如明解⑦经书⑧。养子不教如养驴,养女不教如养猪。

【译文】

喝酒时不胡言乱语的是真正的君子,在钱财上明白清楚的才是大丈夫。出家人一直保持刚出家时的虔诚心态,成佛就是很容易的事。积蓄千两黄金,还不如弄懂儒家的经传。养儿子不教育就像养驴一样,养女儿不教育就像养猪一样。

【注释】

①酒中不语:指喝酒时不胡言乱语。②君子:人格高尚的人。③分明:明确;清楚。④大丈夫:有志气、节操和作为的男子。⑤出家:离开家庭到庙宇里去做僧尼或道士。⑥佛:佛教徒称修行圆满的人。⑦明解:熟悉;明了。⑧经书:指《周易》《诗经》《论语》等儒家经传。

【解读】

本段文字主要包含以下四层意思。

一是在喝酒时不要胡言乱语,在钱财上一定要清楚分明。酒能乱性,有不少人,平常的时候一本正经,自律很严,但几两酒下肚,就口无遮拦,判若两人。但是也有一些人,即使喝再多的酒,哪怕烂醉如泥,也不会胡说八道,仍能保持他未喝酒时的为人风格,这样的人,便是所谓的"酒中不语真君子"。

一个男人,最难过的有四道关:酒、色、财、气。上面讲了酒,接下来便讲财。财富是人们生活的物质基础,因此,几乎没有人不爱财的。孔子就曾说过:"富而可求也,虽执鞭之士,吾为之。"(《论语·述而》)意即如果可以求得财富,即使是手拿皮鞭供人差遣的工作,我也愿意去做。但孔子同时又说:"不义而富且贵,于我如浮云。"(同上)即通过不义的手段得来的富贵,对于我来说就像天边的浮云一样。一方面承认自己喜欢并且追求财富,一方面又讲君子爱财,取之有道,这就是儒家的财富观。而能真正实践这种财富观的人,便是"财上分明"的"大丈夫",因为只有这样的人,才能不贪婪、不妄求,品行上洁白无瑕，当然更不可能去做违法乱纪之事。

二是做事情要慎终如始，不要虎头蛇尾。所谓慎终如始，指在事情结束时仍然慎重，就像刚开始时一样。《老子》第六十四章中说："民之从事，常于几成而败之。慎终如始，则无败事。"意即普通人做事情，常常在接近成功时失败。如果在事情结束时仍然慎重，就像刚开始时一样，就不会失败。因此，有的人之所以一辈子一事无成，就是因为不能做到慎终如始、善始善终。关于这一思想，《增广贤文》中表述为"出家如初，成佛有余"，用和尚出家为例来加以说明。有的人之所以削发为僧尼，通常是自以为已看破红尘，尘世的一切都不值得留恋，便想着与古佛青灯相伴一生。谁知出家一段时间后，对男女之情、世俗名利却更加留恋起来，于是便做出种种违背清规戒律之丑事。因此，出家后的僧尼，如果真能像刚出家时那样，虔诚信佛，心无旁骛（wù），想要达到佛教追求的境界便不是什么难事。

三是钱财虽然重要，但弄懂儒家经典、掌握儒家之道比钱财更重要，此即"积金千两，不如明解经书"的确切含义。关于这一思想，《论语》中也有不少论述。如《卫灵公》篇中说："子曰：'君子谋道不谋食。……君子忧道不忧贫。'"意思是：孔子说："君子谋求的是道而不是饮食。……君子担忧的是不能获得道，而不是贫穷。"《里仁》篇中说："朝闻道，夕死可矣。"意即早晨得知大道，即使晚上死去都可以。把儒家之道看得比生命都重要。为什么这么说呢？对此，朱熹在《论语集注》中有这样的解释："苟得闻之，则生顺死安，无复遗恨矣。"在《朱子语类》中，朱熹继续解释说："道诚不外乎日用常行之间，但说未甚济事者，恐知之或未真耳。若知得真实，必能信之笃，守之固。幸而未死，可以充其所知为圣为贤。万一即死，则亦不至昏昧一生如禽兽然。"也就是说，在朱熹看来，当有人把关于日常人伦的本质或真理告诉你，而且你对此又笃信不疑时，你便会照此实行，最后成圣成贤；而且，即使你听说此真理后马上便死了，你也是明白而死，而不是像动物那样昏昧无知。

四是要注重对子女的教育。关于这个问题，作者说的话很重：若不重视对子女的教育，则养子女就像养驴、猪等动物一样。孟子曾经说过，人与动物的根本区别在于人有道德，而动物则无道德："人之所以异于禽兽者几希，庶民去之，君子存之。"（《孟子·离娄下》）因此，父母把子女生下来后，便负有让他们接受教育的责任，这个教育不光指文化知识方面，也包括道德品质方面。反之，如果对子女不作任何教育,光是供他们吃穿,把他们养大,这与养动物又有什么区别呢?现在有不少父母,仍然把"养儿防老"的落后观念作为自己生儿育女的动机或目标,这是非常可怕的。因为如果生儿育女的目的只是为了给自己养老,你便会把子女作为实现自己目的的工具或手段,既然如此,那与养驴养猪又有什么区别呢?而且,既然你生儿育女的动机如此之自私、不纯,又怎么能要求子女对你无条件地孝顺呢?

18 有田不耕仓廪①虚,有书不读子孙愚。仓廪虚兮②岁月③乏④,子孙愚兮礼义⑤疏⑥。同君⑦一夜话,胜读十年书。人不通⑧古今,马牛而襟裾⑨。

【译文】

有田不去耕种,粮仓就会空虚;有书不去阅读,子孙就会愚昧。粮仓空虚,过日子就缺乏保障;子孙愚昧,就会轻视礼法道义。与君谈一个晚上的话,比读十年书的收获还要大。作为人而不通晓古今,就像马牛穿着人的衣服一样。

【注释】

①仓廪:贮藏米谷的仓库。 ②兮:助词。相当于"啊"。 ③岁月:年月。泛指时间。 ④乏:缺少。 ⑤礼义:礼法道义。 ⑥疏:冷淡;漠视。 ⑦君:对他人的尊称。 ⑧通:懂得;了解。 ⑨马牛而襟裾:马牛穿着人的衣服。原指人不学无术,不懂礼义廉耻。后比喻人徒有外表而行为卑劣,毫无人性。襟裾:衣的前襟或后襟,也借指衣裳。

【解读】

本段文字主要包含以下两层意思。

一是说明了学习的重要性。《增广贤文》认为,人不读书学习就会愚昧,就像不去耕种则仓库就会空虚一样;而愚昧的人就会不懂礼法道义,这样的人活在世上,就像牛马穿着人的衣服一样。言下之意,即不读书学习的人就跟牛马一样。说到学习的重要性,这几乎是人人都知道的,然而,真正能认真实行的人却并不多。当然,这里所说的读书学习,指的是系统的学习,如阅读古代经典,了解古今历史变迁,掌握某一方面的专业知识,等等;而不是指随便翻阅,看些穿越小说,涉猎一些明星绯闻之类。那么一些人为什么不愿意系统地去读书学习呢?究其原因,除了系统地读书学习比较枯燥乏味,还有就是学习的好处没有明显地体现出来。因为在社会上,满腹经纶的人怀才不遇、落魄不堪,才疏学浅的人却左右逢源、飞黄腾达,这并非个别的现象。但是大家千万不要被一时的表面现象所迷惑,因为长期来看,一个人能否在社会上有好的发展,关键还在于看他是否有真才实学,如确实有真本事,那么即使暂时的境况并不如意,但终究会有出人头地的一天。

这里需要指出的是,"人不通古今,马牛而襟裾"的说法出自唐代韩愈的《符读书城南》:"人不通古今,马牛而襟裾;行身陷不义,况望多名誉。"后以"马牛襟裾"比喻人徒有外表而行为卑劣,毫无人性。

二是一个人想要有所作为,当然需要埋头苦干,但也不能光靠埋头苦干,有的时候与人交流交流,扩大视野,也会收到事半功倍的效果;尤其是当你有幸碰上高人或明师的时候,他的一番点拨,会让你豁然开朗,找到解决问题的方法或使事业走向成功的捷径,即所谓"同君一夜话,胜读十年书"。东汉末年,刘备到荆州依附刘表,感到前途渺茫,内心十分忧愁苦闷。后来,他经人介绍,认识了诸葛亮。诸葛亮向他分析天下大势,提出了三国鼎立的战略构想。刘备当时的感觉,就是"同君一夜话,胜读十年书",于是马上聘请诸葛亮为军师,开始了与曹操、孙权等争夺天下的大业。

19 茫茫①四海②人无数，哪个男儿是丈夫③？白酒酿成缘④好客⑤，黄金散尽⑥为收⑦书。救人一命，胜造七级浮屠⑧。城门失火，殃及⑨池⑩鱼。

【译文】

广袤天下，人口无数，又有哪个男子称得上是真正的大丈夫？酿好了白酒，是因为喜欢招待客人；花光了手中的黄金，是为了收购书籍。救人一条性命，胜过建造七层高的佛塔。城门发生火灾，连护城河里的鱼也跟着遭殃。

【注释】

①茫茫：广大而辽阔。　②四海：即天下。指全国各处，也指全世界各处。
③丈夫：这里指大丈夫，即有志气、节操和作为的男子。　④缘：因为。
⑤好客：喜欢接纳和款待客人。
⑥散尽：指花光。　⑦收：收购。
⑧七级浮屠：七层佛塔。浮屠：佛塔。
⑨殃及：连累。　⑩池：指护城河。

【解读】

本段文字主要包含以下四层意思。

一是希望社会上能出现真正的男子汉大丈夫。"哪个男儿是丈夫"，无疑表达了作者对其所处时代缺乏英雄的失望。有的时候，当社会上发生了明显的不公正之事，却没有一个人敢站出来说话时，我们便会油然发出"哪个男儿是丈夫"的感慨。为什么世上缺少真正的大丈夫呢？那是因为大丈夫不是那么好当的，只有有能力、敢担当，且随时准备为某种理想牺牲自己的人，才有资格去当大丈夫。在《孟子·滕文公下》中，有专门关于什么是大丈夫的论述。有一个叫景春的人，对孟子说：公孙衍、张仪难道不是真正的大丈夫吗？他们一发脾气，诸侯个个心惊胆战，他们安静下来，天下就太平。孟子说，他们哪里算得上大丈夫？"居天下之广居，立天下之正位，行天下之大道。得志与民由之，不得志独行其道。富贵不能淫，贫贱不能移，威武不能屈，此之谓大丈夫。"意即居住在天下最广大的住所中，站在天下最正确的位置上，走天下最宽阔的大道。能实现志向，则与百姓一起去实现；不能实现志向，则独自坚守原则。富贵不能使他动心，贫贱不能使他变节，威逼不能使他屈服，这才是真正的大丈夫。试想一下，这样的大丈夫，有几个人能真正做到呢？

　　二是做人不妨活得潇洒旷达一些，为了追求自己喜欢的事情，可以率性而为，而不要过多地去考虑利弊得失。如你喜欢与客人相聚，则不妨提前酿好美酒，以等待客人前来；如你喜欢读书藏书，则即使花光手中的积蓄，亦在所不惜。其实，在现实生活中，亦不乏这样的性情中人。如有的人喜欢古玩，有的人喜欢集邮，有的人喜欢藏酒，为此，即使倾家荡产，他们也毫不在乎。当然，对于这样的行为，我们并不鼓励人们都去仿效，但是，我们需要对其抱有同情的理解。

　　三是人命至重，性命关天，因此，若能在他人面临危险的时候救其一命，那是功德无量的事情，比造七级浮屠的功德还要大。七级浮屠即七层高的佛塔。佛塔开始时的主要用途是存放高僧的佛骨即舍利子，后来也成为高僧、活佛去世后的遗体安放之处。塔的层级通常为奇数，有一、三、五、七、九层等。

　　四是人有时候会遭遇无妄之灾，即会因偶然的牵连而遭受祸害或损失，所谓"城门失火，殃及池鱼"，说的就是这个道理。据《艺文类聚》及《太平广记》引东汉应劭的《风俗通》，关于"殃及池鱼"的含义，历来有两种不同的解释，一种认为池鱼即池仲鱼，是人名。春秋时期，池仲鱼居住在宋城门，因为城门着了火，延烧到池仲鱼家，池仲鱼被烧死。一种认为池鱼即护城河中的鱼，宋城门失火，人们用护城河中的水去救火，结果水被汲干，里面的鱼因此干死。不过，无论池鱼是人名还是指鱼，都是无辜的受连累者。

20 庭①前生瑞草②，好事不如无。欲求生③富贵，须下死工夫④。百年成之不足⑤，一旦⑥坏之有余⑦。人心似铁，官法⑧如炉。善化⑨不足，恶化⑩有余。

【译文】

庭院前长出了象征吉祥的草，这样的好事不如没有。想要在生前获得富贵，就必须拼命付出努力。有的事情花上百年都未必能够成功，要毁坏它则旦夕之间绰绰有余。人的心像铁一样坚硬，国家的法律则像能熔化铁的炉子一样。善的教化不够，就极易向坏的方面变化。

【注释】

①庭：庭院；正房前的院子。 ②瑞草：古代以为吉祥的草，如灵芝之类。 ③生：生存；活（与"死"相对）。一说指一生。 ④死工夫：指拼命付出努力。 ⑤成之不足：不能把事情办好。不足：不充足；不够。 ⑥一旦：一天之间。指很短的时间。 ⑦坏之有余：指足能把它毁坏。 ⑧官法：国家的法规、法律。 ⑨善化：指善的教化、影响。 ⑩恶化：情况向坏的方面变化。

【解读】

本段文字主要包含以下四层意思。

一是为人处事必须务实，不要去追求虚幻不实的东西，更不能人为地自我麻醉。中国古代有所谓祥瑞之说，认为龙凤、麒麟、灵芝等都是预示吉祥的动植物，它们只有在帝王有德、天下太平的时候才会出现。因此，古代一些喜欢奉承的官员，会经常向朝廷奏报祥瑞，而一些好大喜功的帝王，也会沉迷其中。然而，那些真正有作为的帝王，则不会受此迷惑，他们认为，真正的祥瑞，是五谷丰登，老百姓安居乐业，而不是龙凤灵芝之类。据《史记·殷本纪》记载，商中宗太戊之时，有预示灾祸的桑树与谷树相合生于朝堂之中，而且一夜之间就长得大如双手合抱。中宗对此感到十分恐惧，便向大臣伊陟（zhì）询问。伊陟说："臣听说妖不胜德，朝堂中生此妖物，或与政事中存在缺失有关，君只要修德即可。"中宗听从伊陟的劝告，实施了一系列的德政，不久此桑树与谷树便自己死了。这样的记载当然免不了有迷信的成分，但

048

它说明修德可以转祸为福，这一道理是值得我们重视的。

二是要想获得富贵，必须付出艰苦的努力。人生活在世上，很少有人不想享受荣华富贵的，因此，这样的想法本身并没有错，关键是如何去获得荣华富贵。荣华富贵并不是轻易可以获得的，要想获得荣华富贵，必须"下死功夫"。但这个"死功夫"，不是投机取巧、坑蒙拐骗，更不是贪赃枉法、违法犯罪，而是付出比别人多得多的辛苦和努力。需要指出的是，对于"欲求生富贵"中的"生富贵"，学者们有的释为"一生的富贵"，有的释为"富贵的生活"，等等。笔者认为，这些解释都不够确切，"生富贵"与"死工夫"相对，因此"生"亦当是与"死"相对的"活"的意思，所谓"生富贵"，即生前的富贵、活着时的富贵。

三是毁事容易成事难。比如造一幢房子，从画图纸、挖地基、砌墙、盖房顶，到内部装修，每个步骤都要付出不少心血，花费不少时间，可是等到要把此房子拆除时，三下五除二，一天半天就拆完了。比如要培养一个人才，使他成为某一领域的领军人物，没有几十年的投入是很难做到的，可是要毁掉他却十分容易，只要把他污名化，或举出一两件他处理不当的事情，把它昭告天下就可以了。因此，当人们准备毁坏某件东西的时候，一定要慎重对待，对于那些行将成为废物的东西，当然可以毁掉，但对于那些尚有价值尤其是有丰富历史文化价值的东西或对社会有重要价值的人才，就必须予以妥善保护。

四是一定要重视对人的道德教育，因为人的道德不是自然形成的，而是通过后天的家庭、学校等的教育而成的，如果人们忽视这方面的教育，人的道德就无法培养，人就会自私自利，不讲礼义，甚至会干出种种违法犯罪之事，此即所谓"善化不足，恶化有余"。不过，对于"善化不足，恶化有余"，学者们亦有不同的理解。有的认为，此句应与前面的"人心似铁，官法如炉"联系起来，"善化"和"恶化"的主语是官法，因此，它指对于良善的人，国法能促使他把不足的方面转化为完美；对于坏人，国法能把他其余的坏习气也都消除改变掉。这种理解看似有理，其实是错误的。因为国法的根本作用是惩恶，而良善的人也就是有德行的人，他不需要借助国法来转化自己不足的方面；而对于坏人来说，国法的作用是对其违法行为作出惩罚，而不是消除改变他的坏习气。而所谓"人心似铁，官法如炉"，指的是官法冷酷无情、威严无比，再强硬顽固的人心在官法面前亦无可奈何，只能乖乖地认罪忏悔，接受惩罚。

21 水至①清则无鱼，人太紧则无智②。知③者减半，省(xǐng)④者全无。在家⑤由⑥父，出嫁从夫。痴人⑦畏妇⑧，贤女敬夫。

【译文】

水过于清澈，里面就不会有鱼；人过于急躁，就会缺乏智慧。应该减少一半的智慧，明白这个道理的人几乎没有。女子未嫁时要听从父亲，出嫁后要听从丈夫。愚笨的人惧怕妻子，贤惠的女子尊敬丈夫。

【注释】

①至：有的本子作"太"。 ②人太紧则无智：人过于急躁，就会缺乏智慧。紧：急躁。该句有的本子作"人至察则无徒"，有的作"人太察则无谋"。 ③知：通"智"。指聪明、智慧。 ④省：清楚；明白。有的本子作"愚"。 ⑤在家：指女子未婚。 ⑥由：听凭；听从。 ⑦痴人：愚笨的人。 ⑧妇：妻子。

【解读】

本段文字主要包含以下四层意思。

一是为人处事要从容，要有包容之心。因为"人太紧则无智"，人在过于急躁的情况下会六神无主，智计全无。虽然亦有"急中生智"的说法，但那毕竟属于极少数的情况。人只有在从容不迫的情况下，才能冷静应对生活中发生的一切，并采取最合理的方法去解决矛盾或危机。因此，相对于"急中生智"，更常见的还是"静能生慧"。

人除了要从容，还应该有包容之心。俗话说，世上不如意之事常十七八，即十分之七八的事情都不会称心如意，但生活还得继续，因此，最好的处世方式，便是大度包容。如有的人在言语上冒犯了你，你可以一笑置之；有的人身上有不少毛病，你不要因此而拒人于千里之外。因为正如"水至清则无鱼"，如果你对所有人都求全责备，你就会交不到朋友，成为孤家寡人，有时甚至还会因此惹来不小的麻烦。据《晋书·嵇康传》载，嵇康是三国时人，曾在魏国任中散大夫，为人恬淡寡欲，是著名的"竹林七贤"之一。嵇康酷爱打铁，他在贫穷时，曾经与向秀一起在大树下打铁，借此维持生计。一次，颍(yǐng)川的贵公子钟会前去拜访他。嵇康因为看不上钟会，觉得钟会不配与自己交

▲"水至清则无鱼",一个人与他人交往时如对对方的人品、言行等过于苛求,便会交不到朋友,有时甚至还会给自己带来极大的麻烦。嵇康是魏晋时著名的"竹林七贤"之一,为人清高,曾靠打铁为生。一次,贵公子钟会前去拜访他,嵇康瞧不上钟会,便只顾自己打铁,对他不予理会。钟会对此怀恨在心,后来便借机向司马昭进谗言害死了嵇康。此为"嵇康锻铁"图,清代任熊绘,描绘了嵇康专心打铁的情形。

往，便没有搭理他，继续自顾自打铁。钟会因此心中怀恨，后来便趁机向司马昭进谗言，杀了嵇康。

二是要少用智慧。"知者减半，省者全无"两句，历来歧解颇多，如有的学者释为"世上的智者如果减去一半，那清醒的人就没有了"，有的释为"世上的智者要减去一半，彻悟的人根本没有"；有的本子则不作"省者"而作"愚者"，并把它译为世上的聪明人若减少一半，那就找不到一个愚蠢的人了，等等。可见这两句话确实比较难解。笔者认为，"知者减半，省者全无"，或化自老子关于智慧的观点。如《老子》中主张"绝圣弃智"（第十九章），认为"智慧出，有大伪"（第十八章），并认为"以智治国，国之贼"（第六十五章），等等。这是因为，老子提倡无为而治，认为重视智慧是有为的表现，故反对人为地去倡导或运用智慧。这里所谓的"知者减半"，便是认为应该减少智慧的运用，但这样的观念与世俗相反，所以接着说"省者全无"，即能明白这一道理的人几乎没有。

三是女子要听从男子的话，未出嫁时要听从父亲的，出嫁后要听从丈夫的。这种说法出自《礼记·郊特牲》："妇人，从人者也：幼从父兄，嫁从夫，夫死从子。"意即妇人就是听从别人的人：年幼时听从父亲和兄长，出嫁后听从丈夫，丈夫死后听从儿子。这种观念后来被称为"三从"。"三从"的观念反映了典型的男尊女卑思想，它严重地降低了女性的地位，束缚了女子的自由，是中国古代社会的一种错误观念。

四是贤惠的女子要敬重丈夫，而不要让丈夫怕自己。当然，夫妻之间谁怕谁，并不是由一方决定的，而是双方互动的结果。因为所谓"贤女敬夫"，首先必须是丈夫值得人尊敬，一个行为不端的丈夫是无法让妻子去尊敬他的。而所谓"痴人畏妇"，也不是因为妻子真的有多么可怕，而是因为"痴人"即愚笨的丈夫发自内心要去怕老婆。有一个成语叫作"举案齐眉"，说的就是"贤女敬夫"的故事。据《后汉书·梁鸿传》记载，东汉时，梁鸿学识渊博，品德高尚，与妻子孟光一起在霸陵山隐居，以耕织为生。只要梁鸿从外面干活回来，孟光就为他端来食物，每一次都是把盛食物的木托盘举得与眉毛相齐的高度。故后以"举案齐眉"指妻子敬重丈夫。

22 是非①终日②有，不听自然无。宁可正③而不足④，不可邪⑤而有余。宁可信其有，不可信其无。

【译文】

生活中的口舌是非整天都会有，不去听它自然就跟没有一样。宁可为人正派而生活不富裕，不可为人奸邪而财富充足。宁可相信有那么回事，不要相信它没有。

【注释】

①是非：口舌；纠纷。　②终日：整天；从早到晚。　③正：正直；正派。　④不足：不充足；不够。　⑤邪：不正；不正派。

【解读】

本段文字主要包含以下三层意思。

一是对待口舌是非的最好方法是闭目塞听，就当它们不存在一样。生活中的是非之事层出不穷，如某人说你不会办事，某人说你不会说话，某人说你为人太傻，等等。这些事情，其实本身并没有什么大不了，但是你听到以后肯定会烦心，甚至会对说此话的人感到不满或产生怨恨。但是，假如你从来没有听到过别人的这些议论呢？生活照样会继续，一切都仿佛没有发生过。因此，两相比较，与其让自己知道这些是非，还不如不知道。故《增广贤文》中说："是非终日有，不听自然无。"据《资治通鉴》记载，唐代宗时，郭子仪的儿子郭暧(ài)娶升平公主为妻，一次，小两口儿吵架，公主仗着自己是皇帝的女儿，说话咄咄逼人，郭暧还嘴说：不要以为你父亲是皇帝就了不起，我父亲连皇帝都不愿意做呢。因为郭子仪曾为平定安史之乱立下汗马功劳，所以郭暧才这么说。公主听后，便马上进宫向父亲哭诉告状。唐代宗听后说：事实确实如此，如果当时郭子仪想做皇帝，天下就不是我家的了。郭子仪得知此事后，知道儿子闯了大祸，赶紧把郭暧抓起来，然后进宫请罪。唐代宗却大度地说："鄙谚有之：'不痴不聋，不作家翁。'儿女闺房之言，何足听也！"意即俗话说，不聋不哑，当不得公公婆婆，小两口儿吵架时说的话，用不着当真。唐代宗在此事上采取的就是"不听自然无"的态度。

二是不要通过不正当的手段去获得财富，与其采用不正当的手段去获得财富，不如甘守清贫，即"宁可正而不足"。这种观点，与前面第4段中"钱财如粪土,仁义值千金",第17段中"财上分明大丈夫"等所表达的意思相似,可参看这两段文字的"解读"。

　　三是要重视生活中的某些传闻并加以求证,不可当成耳旁风,以免错失机会。生活中经常会出现各种传闻,如房价要下跌了,养老金政策要改变了,退休年龄要延迟了,等等。对于诸如此类的传闻,人们常常会采取不同的态度,有的人会信以为真,有的人会半信半疑,有的人会置若罔(wǎng)闻。那么,什么样的态度才是正确的呢？用《增广贤文》中的话来说,则是"宁可信其有,不可信其无",即宁可相信有那么回事,不要相信它没有。不过,对于这两句话,也不能作绝对化的理解,因为我们不可能对所有传闻都采取"宁可信其有"的态度,那会把人累死,而且也没有必要。但对于那些与自己的生活和工作密切相关的传闻,则不妨采取"宁可信其有"的态度,并在此基础上加以求证,以避免事到临头,手忙脚乱。

23 竹篱①茅舍②风光好,道院③僧房总不如。命④里有时终须有,命里无时莫强求。道院迎仙客⑤,书堂⑥隐⑦相儒⑧。庭⑨栽栖凤竹⑩,池养化龙鱼⑪。

【译文】

用竹子制成的篱笆,用茅草盖成的房子,风景十分优美,连道观和寺庙都比不上它。命中该有的东西终究会有,命中没有的东西不要去强求。道观迎来仙客,书房中隐居着有宰相之才的儒生。庭院里种着凤凰栖息的竹子,池塘里养着能变化成龙的鱼。

【注释】

①篱:篱笆(bā),环绕在房屋、场地等周围起遮拦作用的东西。　②茅舍:茅屋,屋顶用茅草、稻草等盖的房子,大多简陋矮小。　③道院:道观,道教的庙。　④命:命运,迷信的人指人一生注定的生死、贫富和一切遭遇。　⑤仙客:对隐者或道士的敬称。也指风神超逸之士。　⑥书堂:书房。　⑦隐:隐居。　⑧相儒:指有宰相之才的儒生。相:指宰相。一说指治国理政的儒者;一说指宰相儒士。　⑨庭:庭院;正房前的院子。　⑩栖凤竹:凤凰栖息的竹子。　⑪化龙鱼:能变化成龙的鱼。

【解读】

　　本段文字主要包含以下三层意思。

　　一是崇尚简陋朴实的生活。竹篱茅舍构成的居住环境虽然显得粗陋、寒酸,但它与屋宇众多、殿庭宽阔的道院僧舍相比,却多了一份质朴、自然和亲切,更适合人们居住和生活,所以称它"风光好","道院僧房总不如"。

　　二是迷信命运对人生的主宰作用,认为人一生的贫富成败都是由命运决定的。本书编者无疑是一个命定论者,因为在前面的第 3 段中有"运去金成铁,时来铁似金"的说法,在第 11 段中又有"大家都是命,半点不由人"的说法,在后面的文字中还有不少类似的观点。这种观念无疑是错误的,具体可参看第 3 段和第 11 段中的"解读"。

　　三是描绘了一种理想中的、令人神往的生活或生活环境:道观中迎来追求成仙的客人,书房中隐居着有宰相之才的儒生,庭院里栽种着凤凰喜欢栖息的竹子,池塘里养着能变化成龙的鱼。但另一方面,上述描述亦可视作本书编者的自信或自许:自己就是那能成仙之人,自己就是怀有宰相之才的儒生,自己就是凤凰和龙一样的人物。本段文字的最后一句"池养化龙鱼",反映的是鱼能变化成龙的传说。鱼能变化成龙的说法出自《辛氏三秦记》。书中称,河津也叫龙门,是大禹治水时把山凿开而成,阔达一里多,黄河从此流过。每当暮春的时候,便有黄色的鲤鱼逆流而上,能跳过龙门的鲤鱼就变化成了龙。后以"鲤鱼跳龙门"或"鱼化龙"比喻科举及第或地位高升。

24 结交须胜己，似我不如无。但①看三五日，相见不如初。人情②似水分高下，世事如云任③卷舒④。会说说都市⑤，不会说屋里⑥。

【译文】

要与比自己强的人交朋友，跟我水平差不多的人不如不交。只要观察三五天，便会发现对方不如初次相见的时候。人的情分就像水一样有高有下，世上的事情就像云一样随意卷起或展开。会说话的人说的是都市里的事情，不会说话的人说的都是家里的琐事。

【注释】

①但：仅；只。　②人情：人与人的情分。　③任：任凭；听凭。　④卷舒：卷起与展开。比喻变化多端。　⑤都市：城市。有的本子作"都是"。　⑥屋里：有的本子作"无礼"。

【解读】

本段文字主要包含以下四层意思。

一是人要与比自己强的人交朋友，即"结交须胜己"；如果与不如自己的人交朋友，则这样的朋友不如没有。这种观点当出自《论语·学而》："子曰：'君子不重则不威，学则不固。主忠信。无友不如己者。……'"对于其中的"无友不如己者"，通常的解释为：不要与比不上自己的人交朋友。其实，这种理解是有问题的。虽然从表面上看，与比自己强的人交朋友，可以更好地提升自己，因此这样的理解合情合理，但这并非孔子的原意。因为若照此类推，孔子是当时最博学的学者，他岂不是连一个朋友都没有了？因此，关键在于如何理解"不如己"的意思。其实，"不如己"指的是与自己的追求不一样，这里的"如"，不是指"比得上"，而是"像"的意思。如"一日不见，如隔三秋"中的"如"，就是"像"的意思。因此，"无友不如己者"就是指不与跟自己追求或志向不同的人交朋友，这样于理很顺。《增广贤文》在这里说"结交须胜己，似我不如无"，是以对《论语》中孔子的话的错误理解为基础的，因此值得商榷。

二是交朋友需要经过一段时间的考察，不要一见面就推心置腹，与人结交。因为人在初次与别人相见时，都会比较注意自己的言行，尽量把自己好的一面展示出来，而把缺陷隐藏起来。而等到交往三五天，彼此都很熟悉的时候，就会放松下来，身上固有的一些毛病、缺陷便会暴露出来。此时你再决定该人是否值得结交，才会比较稳妥。否则，仅仅根据初次见面的印象就作出判断，往往会出现失误。"但看三五日，相见不如初"，指的就是相处三五天后，你会发现对方有不少缺点，从而对他的印象也不会像刚见面时那么好。因此，此话对于我们平时与人交往，甚至相亲、交朋友，都有很好的借鉴意义。

三是要从人情冷暖中看清世态炎凉，要在变幻莫测的世事中保持淡定的心态。在人的一生中，每个人都会有遭受他人白眼的时候，也会有享受他人无微不至呵护的时候。而你之所以遭人白眼，大多是因为你在他人眼中无足轻重、毫无价值；你之所以受人呵护，大多是因为他人觉得你于他有不可或缺的作用。因此，"人情似水分高下"，这都是必然如此的事情，一个人不可能对所有人都保持同样的情谊。儒家认为爱有差等，爱自亲始，人们都是首先爱自己的父母，然后才是爱亲戚、朋友、路人，乃至天下万物，这都是天经地义的事情，根本不值得大惊小怪。看透了此中的道理，你便会变得豁达大度，"世事如云任卷舒"，一切都如过眼云烟，你要做的，便是完成自己该做的工作，努力提升自己的价值与境界，让自己始终处于快乐、自在的心态之中。

四是一个会说话的人，他说的通常是都市里的事情，是外面世界的精彩，是国家大事；而一个不会说话的人，他说的都是家庭里的琐事，是不合时宜的陈规陋习。这里所谓的会说话和不会说话，指的不是口才，不是口头表达能力，而是所说内容的价值，反映的是一个人的眼界、素质和修养水平。需要指出的是，"会说说都市，不会说屋里"两句，有的学者认为应作"会说说都是，不会说无礼"，并把它释为会说的人说什么都对，不会说的人往往不懂礼仪。这样当然也能说通，但这样的说法不如前一种说法更有意义，故笔者不取。

25 磨刀恨①不利，刀利伤人指。求财恨不多，财多害自己。知足②常足，终身③不辱④。知止⑤常止，终身不耻⑥。

【译文】

磨刀时唯恐磨得不够锋利，却不知道刀太锋利会割伤手指。追求钱财时唯恐钱财不够多，却不知道钱财多了会给自己带来伤害。满足于已经得到的，就会常常处于满足的状态，一辈子都不会受到侮辱。知道适可而止，就会常常处于适可而止的状态，一辈子都不会有令人感到羞耻之事。

【注释】

①恨：遗憾。 ②知足：知道满足；满足于已经得到的。 ③终身：一生；一辈子。 ④辱：使受到侮辱。 ⑤知止：懂得适可而止。 ⑥耻：这里指令人感到羞耻的事。

【解读】

本段文字指出，凡事都要有一个适当的度，超过了这个度，就会带来不好的结果。正如刀磨得太锋利了，就容易割伤手指；钱财太多了，就会给自己带来麻烦。因此，最好的处世之道，就是适可而止，知足常乐。"知足""知止"的说法出自《老子》第四十四章："知足不辱，知止不殆，可以长久。"意即知道满足就不会受到侮辱，知道适可而止就不会出现危险，这样就能长久存在。

本段文字的核心思想，在于劝告人们对于钱财不可贪得无厌，这一是因为"财多害自己"，钱财太多了，不仅不是福，有时反而会害了自己。对于其中的道理，《老子》第九章中曾经说过"金玉满堂，莫之能守"，意即满堂的金玉，没有谁能守得住。为什么呢？因为金玉太多了，极容易招来盗贼，使自己面临杀身之祸；而且，有了满堂的金玉，你就会常常想着如何去享受生活，结果必然是弄得神疲身乏，短命夭亡。二是因为对于钱财贪得无厌，就必然会给自己带来耻辱，而只有知足、知止，才能使自己常常处于满足的状态，这样当然就能使自己"终身不辱""终身不耻"了，此正如《老子》第四十六章中所说："祸莫大于不知足，咎莫大于欲得。故知足之足，常足矣。"意即祸患没有比不知道满足更大的，灾殃没有比一定要得到想要的东西更大的。所以，知道满足的这种满足，才是永远的满足。

增广贤文

26 有福伤财①,无福伤己。差之毫厘,失之千里②。若③登高必自④卑⑤,若涉⑥远必自迩(ěr)⑦。三思⑧而行,再思⑨可矣。

【译文】

有福气的人碰上灾祸时只是损失钱财,没有福气的人碰上灾祸时则会伤及自身。开始时相差很小,结果会造成很大的错误。要登上高处必须从低的地方开始,要去远方必须从近的地方出发。虽然做事情要反复考虑后再采取行动,但实际上思考两次也就可以了。

【注释】

①伤财:损失钱财。　②差之毫厘,失之千里:开始相差得很小,结果会造成很大的错误。强调不能有一点儿差错。毫厘:一毫一厘,形容极少的数量。　③若:如果。　④自:从。　⑤卑:低。与高相对。　⑥涉:行走;跋涉。　⑦迩:近。　⑧三思:反复考虑。　⑨再思:思考两次。

【解读】

本段文字主要包含以下三层意思。

一是在碰到灾祸时,不要过分看重钱财,通过损失钱财免除灾祸,即人们常说的"消财免灾",这就是一种福气;而没有福气的人在遇到灾祸时,则会伤及身体,甚至危及生命。然而,也有那么一种人,在遇到灾祸时,明明可以通过花钱免灾,却爱财如命,要钱没有,要命有一条,结果命丢了,钱又有何用?这是必须引以为戒的。

二是做事情时一定要小心谨慎,不能马虎大意,因为有时候虽然只是在某一点上出些小小的差错,结果却会导致巨大的失误,即所谓"差之毫厘,失之千里"。"差之毫厘,失之千里"的说法出自《礼记·经解》:"君子慎始,差若毫厘,谬以千里。"意即君子对事情的开始十分慎重,因为开始时有小小的差错,结果造成的错误会有千里之远。而之所以"差之毫厘",会"失之千里",是因为任何事情都是积少成多,积小成大,由点滴而至大成的,此正如登高要从低处开始,涉远要从近处开始一样。故《老子》第六十三章中说:"图难于其易,为大于其细。天下难事,必作于易;天下大事,必作于细。"第六十四章中亦说："为之于未有，治之于未乱。"意思是：对付难事，要从它一开始容易时入手；做大事，要从细小的事情做起。天下的难事，一定开始于容易之事；天下的大事，一定开始于细小之事。要在事情还没有发生时就进行处理，要在祸乱还没有出现时就进行治理。

三是做事情不能盲目，必须要有周密的思考和安排，这就是人们常说的三思而后行。不过，有时候考虑得太多，又会束缚人们的手脚，使人们瞻前顾后，前怕狼后怕虎，影响了行动的决心，因此说"再思可矣"，即思考两次就可以了。"三思而行""再思可矣"的说法出自《论语·公冶长》："季文子三思而后行。子闻之，曰：'再，斯可矣。'"季文子是鲁国大夫，从鲁宣公八年（公元前601年）开始在鲁国执政，经历了宣公、成公、襄公三朝。执政期间，鲁国实行了在历史上影响甚大的初税亩政策。季文子死后，家无私积，当时人称他节俭。季文子做事常常"三思而后行"，反复考虑后才行动，说明他为人谨慎，不轻率，这本是值得称许的行事方式，那么孔子为什么要说"再，斯可矣"，即思考两次就行了呢？因为孔子的这种说法令人费解，所以历代学者对此作出了诸多不同的解释。如有的学者说，那是因为季文子根本做不到三思，他能考虑两次就不错了。有的学者说，一件事件，考虑两次就可以明白，考虑到三次就会受私心杂念的影响。有的学者说，那是因为做事有时候需要果决，当断不断，反受其害，考虑多了，反而会让人无法决断，等等。笔者认为，对于孔子说此话的真正用意，因为缺乏具体的资料，我们已无法确知。但是从孔子说话的语气来看，则明显带有调侃的意味。因为对于一件事情究竟应该想几次，是想两次还是三次或者多次，本来就是很难确定的。那么孔子为什么要对此语带调侃呢？最可能的原因是：孔子对季文子的所作所为并不满意，既然季文子考虑再三而做的事仍不能令人满意，那么这种反复考虑又有什么意义呢？所以孔子说，考虑两次也就行了。当然，对于"再思可矣"，我们也不能作机械的理解，认为凡事只要思考两次就行了。对于那些极其简单的事情，我们甚至可以不加思考就采取行动。而对于一些十分复杂的问题，"再思"无疑是不够的，就必须"三思"；而且有时候不光要自己三思，还要发动大家一起思考，集思广益，最后拿出妥善的行动方案。

27 使口^①不如自走^②，求人不如求己。小时是兄弟，长大各乡里^③。妒^④财莫妒食，怨^⑤生莫怨死。

【译文】
用嘴说不如亲自行动，请求别人帮忙不如自己去做。小的时候彼此是兄弟，长大后各自居住在他乡。可以忌妒别人的财物多，不要忌妒别人吃得好；可以埋怨活着的人，不要埋怨已经死去的人。

【注释】
①使口：用口；动嘴。使：用。
②自走：自己前往，也指自己行动。有的本子作"亲为"。
③各乡里：指各自居住在不同的地方。乡里：乡民聚居的基层单位。
④妒：因别人比自己好而忌恨。
⑤怨：埋怨；责怪。

【解读】
本段文字主要包含以下三层意思。

一是强调行动和自己努力的重要性。很多事情都是靠行动做出来的，而不是靠嘴说成的，这是人所共知的道理。然而，总是有那么一些人，当需要做事的时候，他们喜欢用嘴在那里议论、唠叨，而不愿意踏踏实实地去做。因此，孔子对这一类人十分反感，明确指出"君子欲讷(nè)于言而敏于行"(《论语·里仁》)，即君子在语言上可以显得迟钝，但必须敏捷地去做事。另外，还有那么一类人，当碰上难题的时候，他们不是通过自己的努力去解决问题，而是宁可降低人格，去低声下气地请求别人的帮助。这样的行为，是很要不得的。因为，人生活在社会上，总会遇到各种各样的困难、矛盾和问题，在这种情况下，正确的做法，应该是通过自身的努力，去积极应对，这样，当你解决了这些问题的时候，你的能力、水平就会得到很大的提升，距离成功也就会越来越近。相反，如果你事事求人，那么，即使别人帮你解决了问题，你的能力仍然没有丝毫提高，当下次遇到类似情况的时候，你还得去求人，那么，你的事业怎么可能取得成功呢？所以说，"使口不如自走，求人不如求己"，这应该作为我们人生的座右铭。需要指出的是，有的学者把"使口不如自走"中的"使口"释为支使别人做事情，把"自走"释为自己做，这样解释当然也是可以的，但是，把"使口"释为支使别人做事情，无疑有释义过窄之嫌。

二是兄弟关系、兄弟之情是要通过行动来维护的，生为兄弟，只能证明你们之间有血缘上的关系，假如长大以后，各自居住在不同的环境中，彼此间没有什么往来，则兄弟之情就会随之淡薄；如果因为存在兄弟关系就向对方提过分的要求，仿佛只要是兄弟，对方就必须无条件地帮助自己，否则就是不讲亲情，没有人情，这种理解是十分片面的。"小时是兄弟，长大各乡里"，揭示了人际关系中十分现实的一面。

三是在面对比自己优越的人或遭遇不公正待遇的时候，有时难免会有羡慕忌妒或埋怨之心，但是必须弄清楚忌妒什么和该埋怨的对象。首先是对于忌妒之心，《增广贤文》的观点是"妒财莫妒食"。关于"妒财莫妒食"的确切含义，以往的注译者大多没有很好地把握。如有的把它译成可以怨恨钱财而不要厌恨食物；有的译成可以拒绝财物，但不要拒绝食物；有的译成忌妒人家有钱，但不要忌妒人家吃东西；等等，大多不知所云。其实"妒财莫妒食"指的是可以忌妒别人的财物多，但不要忌妒别人吃得好。为什么这么说呢？因为对富人的财物多有忌妒之心，这是人之常情，它在某种程度上可以激发人的积极奋斗之心；相反，对富人吃得好有忌妒之心，则说明你的兴趣点只在吃上，而这无疑是一种没有出息的表现。其次，可以埋怨活着的人，但不要埋怨已经死去的人。因为埋怨活着的人，可以产生具体的效果，如可以让对方改变原有的态度或做法；而埋怨死人，则是一种没有多少意义的行为，加上习惯上人们主张死者为大，所以《增广贤文》反对埋怨死人。当然，"莫怨死"也不是绝对的，如果我们的出发点是总结经验教训，而死者确实犯有明显的错误，为了教育后人，也是可以"怨死"的。

28 人见白头①嗔(chēn)②,我见白头喜。多少少年亡③,不到白头死。墙有缝,壁有耳④。好事不出门⑤,恶事⑥传千里。

【译文】

别人看见头上长了白发会生气,我看见头上长了白发则感到高兴。有多少人在年少时就死去了,都没有机会等到头发变白。墙上会有缝隙,隔壁会有伸着耳朵偷听的人。好事很难传到门外,坏事却能迅速传到千里之外。

【注释】

①白头:白发,指老年。
②嗔:怒;生气。 ③亡:死。 ④壁有耳:指隔壁有伸着耳朵偷听的人。
⑤不出门:指不会传到门外。
⑥恶事:坏事。

【解读】

本段文字主要包含以下两层意思。

一是要对自己步入老年有一个正确的态度。人人都希望自己青春永驻,但这是不切实际的奢望,人总会有变老的一天,此正如李白在《将进酒》中所说:"君不见高堂明镜悲白发,朝为青丝暮成雪。"发现自己的满头乌丝掺杂了白发,而且渐渐地白发越来越多,最后变成了满头白发,人们自然会产生一种人生易老、大限将至的哀伤。然而,《增广贤文》却认为,头上长出白发,这并不是什么可哀之事,而是值得高兴的事,理由是有不少人年纪轻轻就去世了,他们连头上长出白发的机会都没有,因此,我发现自己头上长出了白发,至少证明我并没有中途夭亡,而是顺顺利利地活到了老年。应该说,《增广贤文》的这种看待问题的视角是很有道理的:既然没有人能阻止自己变老,那么为何不用一种豁达的态度看待自己变老,并把自己能顺利步入老年看成一件值得庆幸的事情呢?

不过,需要指出的是,因为有不少人年纪轻轻还未长出白发就去世了,而自己虽然长出了白发,却仍然活着,从而对自己长出白发之事感到高兴,这在境界上还是存在某种不足或欠缺。在如何对待自己变老的问题上,孔子的态度无疑更值得我们学习。《论语·述而》中有这样的记载:"叶公问孔子于子路,子路不对。子曰:'女(rǔ)奚不曰:其为人也,发愤忘食,乐以忘忧,不知老之将至云尔。'"意思是,叶公问子路孔子是个什么样的人,子路没有回答。孔子对子路说:"你为什么不说:他这个人啊,努力用功时忘记了吃饭,经常快乐而忘掉忧愁,不知道自己就要老了,如此而已。"

孔子对自己的概括看上去似乎很简单:努力用功时忘记了吃饭,经常快乐而忘掉忧愁,不知道自己就要老了。但是要想做到却极为不易。为什么呢?因为它不是一时的感觉或状态,而是必须始终伴随着孔子的生命的。也就是说,在当时孔子的生活中,他始终处于一种"发愤"的状态,而正是因为孔子的不断"发愤",他才达到了"乐以忘忧,不知老之将至"的境界。那么,"乐以忘忧,不知老之将至"又是一种什么样的境界呢?对于一个即将步入老年的普通人来说,不管他是否成功,不管他有钱没钱,如果扪心自问,便可发现,他心中当然也会有快乐的时候,但这种时候往往是十分短暂的,长时间占据心灵的,多是各种忧愁和烦恼:感叹老之将至,青春不再;担心命运无常,祸福难测;感慨流年似水,志向未遂;……孔子则不同,什么祸福吉凶、衰老死亡,根本影响不了他,存于他心灵的,则是无尽的快乐和充实。因此,这是孔子用自己的切身体验告诉我们:一个人不断地追求仁德,并持守不失,久而久之,便可达到与天地万物合而为一的状态;一旦进入了这样的状态,当然就不会有什么忧愁、什么恐惧了。至于自己是否变老,生命是否面临终点,更是丝毫不介于怀,因为孔子曾经说过:"朝闻道,夕死可矣。"(《论语·里仁》)如果能得知大道,即使晚上死去都可以,"老之将至"当然就更不在话下了。

二是说话时必须慎重,说出的话不要有什么风险或不好的影响。人们经常喜欢说一些悄悄话,尤其是在一个没有外人的场合,说话的人便会无所顾忌,随意评点人物,议论时事。《增广贤文》则告诫我们"墙有缝,壁有耳",世上没有不透风的墙,墙外也许正有人在偷听你们说话,你认为安全的环境,有可能极不安全。尤其是那些涉及他人隐私的话,或许很快就会被传扬出去。因为有些人有一种癖好,就是喜欢探听他人的隐私并予以传播,而一些好事,一些有正面意义的事情,则不太容易引起人们的兴趣和注意,而这正是所谓"好事不出门,恶事传千里"的原因。

29 贼是小人①，智过君子②。君子固穷③，小人穷斯④滥⑤矣。贫穷自在⑥，富贵多忧。不以我为德⑦，反以我为仇。宁向直中取⑧，不可曲中求⑨。

【译文】
贼是人格卑鄙的小人，但是他们的智慧有时却超过君子。君子在面临困窘时仍会坚守道义，小人在面临困窘时就会胡作非为了。贫穷的人活得自由自在，富贵的人则有很多忧愁。不把我看作对你有恩的人，反而把我当作仇人。宁可通过正当的手段获得，不可采取不正派的做法去求取。

【注释】
①小人：人格卑鄙的人。　②君子：道德修养高的人。　③固穷：信守道义，安于贫贱穷困。固：安守；坚守。穷：困窘；窘急。　④斯：于是；就。　⑤滥：没有操守，胡作非为。　⑥自在：自由；没有拘束。　⑦德：恩惠；恩德。　⑧直中取：指通过正当的手段获得。直：公正；正直。　⑨曲中求：指通过不正派的做法求取。曲：邪僻；不正派。

【解读】
本段文字主要包含以下四层意思。

一是说明了君子和小人的本质区别。君子是道德修养高的人，小人则是人格卑鄙的人，因此，君子与小人的区别在于人格的高下，道德修养的高低，而不在于聪明程度的高低，小人不一定比君子笨，有时候甚至比君子还要聪明，即所谓"贼是小人，智过君子"。那么，如何体现君子和小人道德修养的高低呢？作者举例说："君子固穷，小人穷斯滥矣。"即君子在面临困窘的时候仍会坚守原则，小人面临困窘时则会胡作非为。

"君子固穷，小人穷斯滥矣"两句出自《论语·卫灵公》："在陈绝粮，从者病，莫能兴。子路愠(yùn)见曰：'君子亦有穷乎？'子曰：'君子固穷，小人穷斯滥矣。'"孔子带着弟子周游列国，在陈国断了粮食，跟从孔子的人都病了，躺着爬不起来。子路怀着怨恨的心情去见孔子，说："君子也有困窘不堪而又束手无策的时候吗？"孔子回答说："君子在面临困窘的时候，仍然会坚守原则；小人在面临困窘的时候,就会胡作非为了。"

根据《史记·孔子世家》,在陈绝粮之事发生于鲁哀公六年(公元前489年),时年孔子六十三岁。当时,孔子带着弟子们应邀前去楚国,到了陈国和蔡国的边境时,两国的大夫害怕孔子一旦在楚国受到重用,会对他们不利,便派人把孔子一行围困在一片荒地里。因为没有粮食,大家都饥饿不堪,躺在地上起不来,而孔子却仍在那里讲诗书,读文章,不停地唱歌弹琴。子路带着满肚子怨气去见孔子,于是师生间便发生了关于君子与小人如何面对窘境的对话。

俗话说:危急关头见人心。一个人,若生活在优裕的环境中,可以从容不迫,可以标榜道义,然而,一旦陷入困窘的境地,甚至面临生与死的考验,他还能这么做吗?这就要看他究竟是君子还是小人了。若是真正的君子,他以道义作为自己追求的目标,外部环境的恶劣,只是对他信念的考验和磨砺而已,所谓"三军可以夺帅,匹夫不可夺志",因此,君子只会"固穷",即安于贫贱穷困,信守道义,而不会被困窘的境遇所改变。小人则不同,小人以利益为最高的追求,因此,当小人面临窘境时,他的唯一目标就是如何摆脱窘境,为此他可以不择手段,哪怕让他改变信仰,出卖朋友,认贼作父,都不在话下,所以孔子说:"小人穷斯滥矣。"

二是说明了贫穷之人与富贵之人相比的一个优势:可以自由自在,不受拘束。一个人在贫穷的时候,虽然穿得破烂些,吃得差些,但也少了许多麻烦:一是没有人会打搅他,因为他一贫如洗,连贼都会躲着他走;二是不用患得患失,反正我就是个一无所有的穷人,人家怎么看我都无所谓。因此,贫穷的人可以活得无拘无束,逍遥自在。相反,富贵之人则常常受种种烦恼的牵缠:既要考虑如何保住已有的财富,还要考虑如何进一步去增加财富;此外,如何处理与上下左右的关系,也是每天必须考虑的。生活在这种状态中的人,怎么可能活得悠闲自在呢?据《史记·魏世家》载,战国时,魏国灭掉了中山国,魏文侯派儿子子击前去镇守。有一次,子击在路上遇见了魏文侯的老师田子方,子击赶紧引车让开道路,恭敬地拜见他。然而田子方却不还礼。子击感到不满,问田子方说:"是富贵之人可以蔑视别人呢,还是贫贱之人可以蔑视别人?"田子方说:"当然是贫贱之人了。比如,一个诸侯要是蔑视别人,那他就会亡国;一个大夫要是蔑视别人,那他就会亡家。而贫贱之人就不同了,行为不相投合,意见不被采纳,就可以马上离开你到楚国去、到越国去,丢弃你就如同丢弃一双破鞋子。

这两者怎么能相提并论呢?"说得子击怅然若失。

当然,说"贫穷自在,富贵多忧",这只具有相对的意义,当贫穷之人真的穷到揭不开锅的时候,也是自在不起来的;富贵之人虽然多忧,但当富贵之人愿意放下一切的时候,也照样可以活得潇洒自在。《老子》第二十六章中说"虽有荣观,燕处超然",意即虽然有华丽的宫室,却能安闲而处,超然物外。由此可见,自在还是多忧,关键还是在于自己个人的修养,与贫穷还是富贵并无必然的联系。

三是揭示了社会上的一种丑恶现象,即当我对某人有恩的时候,他不但不把我当恩人,反而把我当仇人,即所谓"恩将仇报""不以我为德,反以我为仇"。在日常生活中,我们常常可见类似的情形。究其原因,是这些受到恩惠的人心胸狭窄,怕报恩会给自己造成损失,所以倒行逆施,把恩人当仇人。

四是在追求名利的时候,要采取正当的途径,不可走歪门邪道,即"宁向直中取,不可曲中求"。类似的思想在前面的段落中也经常出现,如"钱财如粪土,仁义值千金"(第4段)、"财上分明大丈夫"(第17段)、"宁可正而不足,不可邪而有余"(第22段),等等。据《封神演义》第二十三回称,姜太公未遇周文王时,在渭河边直钩垂钓,遇到一位樵夫,樵夫讥讽他不懂钓鱼的方法,姜太公回应道:"老夫在此,名虽垂钓,我自意不在鱼。吾在此不过守青云而得路,拨尘翳(yì)而腾霄。岂可曲中而取鱼乎?非丈夫之所为也。吾宁在直中取,不向曲中求;不为锦鳞设,只钓王与侯。"由此可见,姜太公所说为双关语,一方面说明他直钩钓鱼的目的不在于钓鱼,而在于钓得王侯;另一方面也说明了宁可用正当的手段获得,不可用歪门邪道求取的道理。

30 人无远虑①，必有近忧②。知我者谓我心忧，不知我者谓我何求③。晴干④不肯去，直待雨淋头。成事莫说⑤，覆水难收⑥。

【译文】
　　一个人如果没有深远的计虑，一定会有近在眼前的忧愁。了解我的人说我内心充满忧愁，不了解我的人说我在寻求什么呢。晴朗干爽的时候不肯前往，一直等到大雨淋头的时候才去。已成现实的事情就不要再去说它，泼出去的水难以再收回来。

【注释】
①远虑:深远的计虑。　②近忧:近在眼前的忧愁。　③何求:寻求什么。　④干:指天气干爽。有的本子作"天"。　⑤成事莫说:已成现实的事情就不要再去说它。成事:已成现实的事情。　⑥覆水难收:泼出去的水难以再收回来，比喻事情已成定局，难以挽回。

【解读】
　　本段文字主要包含以下四层意思。
　　一是做事情要有计划性，不可盲目从事。大到一个国家的发展，小到个人前途的设计，都必须有长远的考虑，否则就会没有方向和目标，不是浪费时间，错失良机，就是徒劳无功，白费心血，令人追悔莫及。这就是"人无远虑，必有近忧"的内涵。
　　"人无远虑，必有近忧"一语是孔子说的，出自《论语·卫灵公》，所说道理当然十分精辟，具有重要的指导意义。不过，我们对它也不能作绝对化的理解，以为时时刻刻、对任何事情都需要深谋远虑，否则就会造成忧患。事实上，在现实生活中，有的事情往往是人有远虑，才有近忧:因为远虑会让人患得患失，去为某些根本没有必要考虑的问题大伤脑筋。而人无远虑，未必就有近忧:人需要快快乐乐地过好每一天，何必去过多地考虑不可预测的将来呢?
　　二是人生最痛苦的事情之一就是不能被别人理解:"知我者谓我心忧，不知我者谓我何求。"意即知道我的人说我心中忧愁太多，不知道我的人则以为我有什么企求。这两句话出自《诗经·王风·黍离》:"知我者谓我心忧，不知我者谓我何求。悠悠苍天，此何人哉?"诗中描绘了一个因故流浪的人的满腔苦闷:心中有苦说不出，却又常

增广贤文

常被人误解。战国时期，楚国大夫屈原忠于楚怀王，却不被理解，而且楚怀王还听信他人的谗言，把屈原流放。屈原心中苦闷彷徨，于是作《离骚》以排解。对此，《史记·屈原贾生列传》中有这样的记载：屈原被流放后，"至于江滨，被发行吟泽畔。颜色憔悴，形容枯槁。渔父见而问之曰：'子非三闾大夫欤？何故而至此？'屈原曰：'举世混浊而我独清，众人皆醉而我独醒，是以见放。'……于是怀石遂自（投）〔沉〕汨罗以死"。屈原当时心中的苦闷，正可谓"知我者谓我心忧，不知我者谓我何求"。

三是做事情要抓紧时间，说干就干，不要磨磨蹭蹭，以致错过做事情的最佳时机："晴干不肯去，直待雨淋头。"有些人做事往往缺乏主动性，喜欢在那里耗，直到不做不行了，然后才硬着头皮去做。这种行事方式有很多弊病，首先是你虽然耗着不做，但事情却一直压在你的心头，让你不得轻松；其次是当你发现再不做就不行了的时候，往往是外部条件已经发生了很大的变化，此时你再去做，通常需要付出更多的精力；第三是一个人如果始终抱着这样的处事态度，不肯改变，则永远都不可能有成功的一天。此正如明代钱福的《明日歌》中所说："明日复明日，明日何其多。我生待明日，万事成蹉跎（cuōtuó）。"

四是要学会认清形势，"成事莫说"，对已成现实的事情就不要再去说什么，因为那没有什么用处，不但白费口舌，反而有可能惹来麻烦。需要指出的是，"成事莫说"的说法出自《论语·八佾（yì）》，原作"成事不说"："哀公问社于宰我。宰我对曰：'夏后氏以松，殷人以柏，周人以栗，曰使民战栗。'子闻之，曰：'成事不说，遂事不谏，既往不咎。'"意思是：鲁哀公问宰我用什么木料做土地神的牌位。宰我回答说："夏代用松木，殷代用柏木，周代用栗木，用栗木是为了使民众发抖害怕。"孔子听说后，说："已成现实的事情就不要去说它了，已经完成的事情就不要去规劝了，已经过去的事情就不要再追究了。"

不过，《论语》中的上述文字颇为令人费解，主要表现在两个地方：（1）宰我为什么要说用栗木做土地神牌位的目的是为了使民众害怕；（2）孔子对宰我的话为什么要作这样的评论。

关于第一个问题，考察历代学者的相关论述，较有代表性的解释是：古代通常会在土地神庙的旁边种树，所种的树的类型则依据土地神庙所处的地域的特性。如夏朝的首都位于河东，河东适宜种松树，所以便以松木制成土地神的牌位；商朝的首都在亳（bó），亳地适宜种柏树，所以便以柏木制成土地神的牌位；周朝的首都在镐（hào），镐地适宜种栗树，所以便以栗木制成土地神的牌位。因此，用栗木做牌位，与栗可以使民众战栗没有任何关系，那么宰我为什么要这么说呢？学者们认为，鲁哀公时，季孙、孟孙、叔孙三家掌权，鲁哀公打算讨伐这三家，因古代常常在社即土地庙前杀人，所以鲁哀公便以"社"问宰我，隐含讨伐之意。宰我理解了鲁哀公的用意，所以故意用害怕发抖来理解栗的意思，表示赞同鲁哀公采取强硬手段。

去除在鲁国执政的三家的势力，这种做法本应得到孔子的赞成，那么孔子为什么会说出"成事不说"之类的话呢？这就是上面所说的第二个疑问。原来，孔子虽然赞成去除三家的势力，但当时三家的权力已十分牢固，鲁哀公已无力撼动这三家，所以孔子认为唯一的办法就是承认现状，不要去作无谓的牺牲，因此便说已经成为现实的事情就不要再去说它了。

"覆水难收"一词见于宋代王楙（mào）的《野客丛书》，书中称，商朝末年，姜太公娶马氏为妻，因姜太公当时事业无成，生活贫困，马氏不愿忍受，便离他而去。后来，姜太公辅佐周武王建立了周朝，被封为齐侯，马氏听说后，就又来找姜太公，希望与他重归于好，于是，"太公取一壶水倾于地，令妻收之，乃语之曰：'若言离更合，覆水定难收。'"后以"覆水难收"比喻夫妻离异，难以再合。也比喻事情已成定局，难以挽回。

31 是非①只为②多开口③，烦恼皆因强出头④。忍得一时⑤之气，免得百日之忧。近来学得乌龟法，得缩头时且缩头。惧法朝（zhāo）朝⑥乐，欺公⑦日日忧。

【译文】

招来是非只因为话说得太多，心中烦恼都是因为多管闲事。能忍住一时的气愤，可以免除长达百天的忧愁。最近学会乌龟的生存之法，该缩头的时候就缩头。畏惧法律的人天天都很快乐，以欺骗的手段侵害公共利益的人每天都生活在忧愁之中。

【注释】

①是非：口舌；纠纷。　②为：因为；由于。　③开口：指说话。　④强出头：遇到可以不管的事而硬要去管。　⑤一时：暂时；一会儿。　⑥朝朝：天天。　⑦欺公：当指以欺骗的手段侵害公共利益。一说指冒犯公法。

【解读】

本段文字主要包含以下两层意思。

一是凡事以忍耐为上，忍耐可以使人免除诸多烦恼。忍耐的内容包括：尽量少说话，不要为逞口舌之快而轻发议论，因为"是非只为多开口"；不要多管闲事，没有金刚钻，不揽瓷器活，可以不管的事情，或者你没有能力管的事情，就不要去管，若硬去管，结果只能是给自己带来不必要的麻烦："烦恼皆因强出头"；碰上令人气愤的事情，不要立刻发作，忍一忍，消消气，可以免除诸多后患："忍得一时之气，免得百日之忧"；识时务者为俊杰，当你发现无法与对方抗衡时，不妨暂时学做缩头乌龟，"得缩头时且缩头"，这样做虽然显得很窝囊，但毕竟可以避免灾祸。

以上观点，基本属于一种明哲保身的处世之道，若能切实遵行，确实能避免许多祸患，或可保你无灾无祸，平安一生。但是对于整个社会来说，如果人人都如此，则无疑是极其可悲的。因为社会上有许多事情，需要我们"多管闲事"，需要我们见义勇为，甚至需要我们奋不顾身。如果遇到坏人坏事，人人都当缩头乌龟，那么再圆滑的处世之道都会无济于事，因为当别人遇到事情时你躲得远远的，那一旦麻烦事落到自己头上呢,此时岂不是叫天天不灵,叫地地不应?所以,正确的做法,还是要看具体情况,该忍的事情要忍,不该忍的事情,则无论如何都不能忍。

二是要奉公守法,因为只有奉公守法,心中无私,才能内心平静,了无挂碍,享受到真正的快乐。相反,如果你"欺公",用欺骗的手段去侵害公共利益,做出了贪污受贿等违法之事,你就会时时处于恐惧之中:害怕东窗事发,害怕他人检举揭发,害怕法律的制裁。这样的生活又有什么乐趣可言呢!

32 人生①一世②，草生③一春④。白发不随老人去，看来又是白头翁⑤。月过十五⑥光明少，人到中年万事休⑦。儿孙自有儿孙福，莫为儿孙作马牛。

【译文】
人活一辈子，草活一个春季。白头发不会随着老人的去世而消失，黑头发的人很快也变成了白发老人。月亮过了十五这天光明就会减少，人到了中年所有事情都会难有进展。儿孙自然有他们自己的福气，不要为儿孙当牛做马。

【注释】
①生：活。 ②一世：一辈子。 ③生：有的本子作"木"。 ④一春：一个春季。 ⑤白头翁：白发老人。 ⑥十五：指农历每月的十五。 ⑦休：停止；罢休。

【解读】
本段文字主要包含以下两层意思。

一是时光飞逝，人生短暂，一定要尽快取得事业上的成功。"白发不随老人去，看来又是白头翁"，说明世上之人只要活着，就谁都无法避免成为老人的严酷事实。既然自然规律无法改变，那么人能够做的，就是抓紧时间，在有限的人生中，让自己取得事业上的成功，使生命的价值最大化。"人到中年万事休"一句，就是提醒人们：如果人到中年，在事业上仍无成就，那么这辈子也就交代了，不可能再有什么成功可言。此话当然说得有些绝对，因为历史上大器晚成的人不胜枚举，而且人到中年，照样可以取得事业上的成功。但是换一个角度去看，正如"月过十五光明少"一样，中年是人生的转折点，无论体力、精力还是心气，过了中年以后都会有明显的下降，因此，如果在中年时仍然一无所成，在通常情况下，确实是很难再有大的作为了。

不过，这里需要说明的是，所谓的"中年"，指的是四五十岁的年纪，古人的平均寿命比现代人要短不少，有一种说法认为，古代的普通百姓通常在五十岁左右去世，因此，古人到了四五十岁时，已属高龄；而现代人则不同，现代人到了四五十岁，正是奋发有为、大展宏图的时候，因此，对此必须作具体的分析。

二是父母不要为了儿孙的幸福而过多地牺牲自己。中国人重家庭观念，讲究父慈子孝，因此，父母常常把为子女无偿奉献看作理所应当之事，从而心甘情愿地"为儿孙作马牛"。但事与愿违，严酷的现实却往往是：父母过多地关心或者干涉儿女的生活，会让儿女觉得缺乏自由，倍感压抑，从而产生逆反心理；受到父母过多溺爱的儿女，因为缺少压力，缺乏生活技能，通常不会有什么大的出息；父母对儿女的百般关爱和无偿付出，会被儿女认为父母照顾自己是天经地义的事情，这样的儿女往往对父母不会孝顺；……种种事实告诉我们，儿女有儿女的生活，他们有自己的价值观和生存方式，作为父母，无法替他们包打天下。因此，"儿孙自有儿孙福，莫为儿孙作马牛"，即使对今天的父母来说，此话仍有很好的劝诫作用。

33 人生不满百,常怀千岁忧。今朝(zhāo)有酒今朝醉,明日愁来明日忧。路逢险处难回避,事到头来①不自由。药能医假病②,酒不解③真愁。

【译文】

人的一生活不到一百岁,却常常怀着一千年的忧患。今天有酒,今天就喝它个一醉方休;明天的忧愁,就到明天再说吧。路上碰到危险的地方难以回避,事情到最后总是身不由己。药能够治好假装的病,酒却不能消除真正的忧愁。

【注释】

①到头来:最后;结果。一说指临到头上。 ②假病:指假装的病。 ③解:消除;去掉。

【解读】

本段文字主要说明人生充满忧愁,充满无奈,却又无法解脱,故只好采取"今朝有酒今朝醉"的自我麻醉方式;但是,喝酒并不能从根本上解决问题,它只能让你暂时忘掉烦恼,因为"酒不解真愁"。

"今朝有酒今朝醉",这通常被视作一种消极颓废的人生观,不过,作者用在此处,却是针对"人生不满百,常怀千岁忧"的状况而说的。根据无神论的观点,宇宙中既没有神仙佛祖,也没有天堂地狱,人死了就一了百了,灵魂也随之消失,因此,每个人能把握的也就是短短不到百年的时间。然而,奇怪的是,人生不到百年,却有不少人常常会去想千年以后的事情,这无疑是想得太多了;尤其是让想象中的千年以后的事情来影响现在的心境,并为此而烦躁忧愁,更是十分荒唐的。所以《增广贤文》要求人们不要去想遥远的事情,今朝有酒今朝醉,明天的烦恼就放到明天再去应付。李白在《春夜宴桃李园序》中说:"夫天地者,万物之逆旅,光阴者,百代之过客。而浮生若梦,为欢几何?古人秉烛夜游,良有以也。"意即天地是万物的旅馆,光阴是历代的过客。而漂浮不定的人生像梦幻一样,欢乐的日子能有多少?古人点亮灯烛在夜里游玩,的确是有道理的。表达的也是人生短暂,应及时享受生活的意思。

另外,《增广贤文》中之所以要求人们"今朝有酒今朝醉",还有一个重要的原因,便是"路逢险处难回避,事到头来不自由",即人生总是会遇到无法回避的危险,事情到头来总是让人身不由己。也就是

▶"今朝有酒今朝醉,明日愁来明日忧",主要说明了人们应重视眼前的快乐生活,不要过分地受变幻莫测的未来的影响。此种观点不乏消极的成分,但提醒人们要珍惜当下,无疑亦有一定的道理。李白在《春夜宴桃李园序》中说:"浮生若梦,为欢几何? 古人秉烛夜游,良有以也。"表达的也是类似的意思。此为明代仇英绘制的"春夜宴桃李园"图,描绘了李白与众人在桃李园中宴饮的情形。

增广贤文

说，人生中的许多遭遇、结局，都是人无法预知、无法躲避的，既然如此，为什么不趁着当下有酒，去尽情地享受呢？这样的观念，当然亦与《增广贤文》的编者相信命运、认为一切均是命定的思想有关。

《增广贤文》中的上述观念虽然有一定的道理，但无疑是存在明显偏颇的，因为人类的个体生命虽然短暂，但人类整体的生命则是不断延续的，因此，作为人类中的一分子，个体不能光考虑自己，也要为人类的整体发展尽到责任。所以，从这个角度说，我们还是要"常怀千岁忧"，为子孙万代的长远利益考虑。

"人生不满百，常怀千岁忧"两句，出自汉代的《古诗十九首》之一："生年不满百，常怀千岁忧。昼短苦夜长，何不秉烛游？"李白关于"古人秉烛夜游"的说法，当承自其中的"何不秉烛游"。

34 人贫①不语,水平②不流。一家养女百家求③,一马不行百马忧。有花方④酌酒⑤,无月不登楼。三杯通⑥大道⑦,一醉解⑧千愁⑨。

【译文】

人在贫穷时很少说话,水处于同一平面时不会流动。一个家庭中养有女儿,就会有一百个家庭前来求亲;一匹马不行走,一百匹马都会担忧。有花可赏时才饮酒,没有月亮时不去登楼。三杯酒喝下去,就能通晓高深的道理;喝醉了酒,可以消除各种烦恼。

【注释】

①贫:有的本子作"平"。　②水平:指水处于同一平面。　③求:追求。这里指求亲,即请求结为姻亲。　④方:才。　⑤酌酒:饮酒;喝酒。酌:斟;饮。　⑥通:懂得;通晓。　⑦大道:高深的道理。　⑧解:消除;去掉。　⑨千愁:指各种烦恼。

【解读】

本段文字主要包含以下两层意思。

一是人们做事总是出于某种动机或基于某种前提条件,正如处于同一平面的水不会流动一样,人在贫穷的时候也不会愿意讲话,因为人微言轻,讲的话也不会有人愿意听,所以不如干脆不讲。同样,一个人之所以受到别人的重视,那是因为你拥有别人希望得到的东西。好比你家养了一个漂亮的女儿,前来求婚的人就会络绎不绝,因为世上漂亮的女子不多,所以才会吸引百家前来求亲。

因此,人们不会无缘无故地去做某件事情,正如你喜欢喝酒,是因为有鲜花可供观赏;你之所以要在夜晚登楼,是因为有明月可供欣赏。如果没有鲜花和明月,你就不会有喝酒的兴致,也不会有去登楼的兴趣。所以,人们不应被表面的现象所迷惑,而是要透过现象看本质,去分析每件事情的实质和背后的原因。当然,这里所谓的"有花方酌酒,无月不登楼",只是象征性的说法,因为人们不一定非要在有花可赏时才饮酒,也不一定非得有月亮时才去登楼,这种说法的目的在于强调人们通常在对自己有利时才会去做某件事情,因此,当有人做某件事情时,一定要弄清楚他这么做的原因。楚汉相争时,一次,刘邦被项羽打得狼狈不堪,而在此时,军事上进展顺利的韩信却派使者来见刘邦,要求封他为假齐王。刘邦一听勃然大怒，因为这无疑意味着对自己权威的挑战。这时，一旁的张良却冷静地告诉刘邦，韩信之所以在此时提出封王的要求，就是看中了你目前无力制约他，你不如顺水推舟，封他为真齐王，以笼络韩信之心。刘邦听从了劝告，韩信此后果然一心一意追随刘邦打天下。因此，正是张良认清了问题的实质，才防止了意外的发生。

　　需要指出的是，"人贫不语"一句，一些学者认为应作"人平不语"，并把它释为人感受到公平就不再议论，这样也能说通。另外，对于"一马不行百马忧"的实质含义，学者们亦有不同的理解，或认为指一物的行为会影响群体的行为，因此个体要顾全大局；或认为指人都有从众的心理；或认为指没有领头的人，众人便不知如何行动；等等。笔者认为，从文字本身来说，"一马不行百马忧"，当指一匹马不行走，一百匹马都会担忧，言下之意是：作为一个群体，其中的个体都会有共同的追求和行为特点，因此，当其中的某个个体表现出例外时，便会造成整个群体的不安和担忧。

　　二是介绍了喝酒的功用："三杯通大道，一醉解千愁。"话虽然说得有些夸张，但酒醉时那种飘飘然的感觉确实让人回味。在醉酒的状态下，一切礼法的束缚仿佛已不再存在，许多让你头疼烦恼的事情也变得不再重要。此时，你仿佛已经悟彻了天地间的大道，发现一切都不过如此，所有让人忧愁、烦恼之事都可以弃之不顾。因此，喝酒确实可以起到"一醉解千愁"的效果。如李白在《月下独酌》诗中说："三杯通大道，一斗合自然。但得酒中趣，勿为醒者传。"但问题是醉酒的状态只是暂时的，你毕竟还会清醒过来，而你一旦清醒，以前的烦恼就又会重新袭来，你所"通"的"大道"也产生不了任何作用。所以还是第33段中说得对："酒不解真愁。"

35 深山毕竟①藏猛虎，大海终须纳②细流。惜花须检点③，爱月不梳头。大抵④选他肌骨⑤好，不傅⑥红粉⑦也风流⑧。

【译文】

深山中一定会藏有猛虎，大海终究要容纳细小的水流。爱惜鲜花需要约束自己的行为，喜爱月亮可以不必梳头。大概是因为她肌肉和骨骼长得好，即使不搽脂粉也俏丽动人。

【注释】

①毕竟：必定。　②纳：接受。　③检点：注意约束自己。　④大抵：大概。　⑤肌骨：肌肉与骨骼。　⑥傅：涂抹；搽。　⑦红粉：妇女化妆用的胭脂和铅粉。　⑧风流：指风韵美好动人。

【解读】

本段文字主要包含以下三层意思。

一是人要有宽广的胸怀，因为只有有了宽广的胸怀，才能不断充实并壮大自己，使自己走向成功。正如只有在深山中才会有老虎，只有接受涓涓细流，才能形成茫无边际的大海，人亦只有虚怀若谷，才能集众人之所长，成不世之伟业。战国末年，秦王嬴政为了防止外国间谍危害秦国，决定驱逐所有东方各国到秦国来工作的人员。李斯听说后，向秦王上《谏逐客书》，其中列举了外国人为秦国所作出的贡献后，说："是以泰山不让土壤，故能成其大；河海不择细流，故能就其深；王者不却众庶，故能明其德。"意即正因为泰山不拒绝任何细小的尘土，所以才形成了今天的高大；正因为黄河大海不拒绝任何细小的水流，所以才形成了今天的深广；正因为国王不排斥任何民众，才能显示他宽厚的品德。秦王看后被深深打动，便取消了驱逐外国人的命令。

二是当你喜欢近在身边的事物时，你需要注意自己的行为；当你喜欢远处的事物的时候，你就只要静静欣赏就行了，不必刻意去关注自己的行为。比如你喜欢鲜花，你就不要随便攀折它，而要好好地爱护它；比如你喜欢月亮，就不需要梳妆打扮后再去赏月，即所谓"爱月不梳头"。不过，对于"爱月不梳头"一句，学者们有不同的解释，如有的译作喜欢月亮就不能把它作为镜子去梳头；有的译作喜欢月亮，不梳头月亮也不会怪罪;有的认为不梳头的原因是梳头会影响专心赏月;等等,这样的解释似都值得商榷。

　　三是对于天生丽质的人,不用涂脂抹粉也照样漂亮迷人,即所谓"肌骨好"的人,"不傅红粉也风流",这样说是很有道理的。据《世说新语·容止》载,何晏,字平叔,是魏晋玄学的代表人物之一。何晏长得十分秀美,魏明帝怀疑他脸上搽了脂粉,便在夏天请他吃热汤饼。何晏吃得满头大汗,便用红色的衣袖去擦脸上的汗,然而脸色却显得更洁白,这说明他并没有搽脂粉。后来便以"敷粉何郎"指美男子。

36 受恩深①处宜②先退,得意③浓④时便可休⑤。莫待是非⑥来入耳,从前恩爱反为仇。留得五湖⑦明月在,不愁无处下金钩⑧。休⑨别有鱼处,莫恋浅滩头⑩。去⑪时终须去,再三留不住。

【译文】

受到的恩情深厚时应尽早后退,志得意满时就要及时罢休。不要等到口舌是非传到耳朵里,把以前的恩爱变成了仇怨。只要五湖上的明月还在,就不愁没有地方下钩钓鱼。不要离开有鱼的地方,不要留恋水浅的滩头。该离开的时候终究会离开,无论怎样挽留都没有用。

【注释】

①深:情意厚。　②宜:应该。
③得意:得志,实现其志愿。　④浓:指程度深。　⑤休:停止;罢休。
⑥是非:口舌;纠纷。　⑦五湖:古代吴越地区的湖泊。所指不一。有的认为即太湖,有的认为指太湖及附近的四个湖,等等。春秋末年范蠡(lí)隐于五湖,后用来指隐居之地。　⑧金钩:金属钓钩。
⑨休:不要;别。　⑩滩头:江、河、湖、海边水涨时淹没、水退时显露的淤积平地。　⑪去:离开。

【解读】

本段文字主要包含以下三层意思。

一是凡事要见好就收,因为事物的发展有一个规律,就是物极必反:当事物发展到顶点时,就会向相反的方向转化。比如在古代社会,君主对某人极其宠爱,这当然是好事,但必须知道伴君如伴虎,这种宠爱不是一成不变的,万一哪天君主变了心,你就会死无葬身之地。在中国历史上,这样的例子不胜枚举。如据《韩非子·说难》记载,春秋时期,卫灵公宠爱弥子瑕,觉得弥子瑕做什么都值得赞赏。但等到弥子瑕年老色衰,卫灵公对他不再宠爱,便开始秋后算账,认为弥子瑕以前所做的许多事情,都是对自己的大不敬,弥子瑕便因此获罪。

因此,一些聪明绝顶的人物,总是会冷静地判断自己的处境,作出有利于自己的选择。如范蠡在辅佐越王勾践雪耻后,便辞官不做,泛舟五湖;张良在刘邦建立汉朝后,便深居简出,以修身养性为事。所以他们都得以善终。对于得宠,《老子》第十三章中就曾明确指出,得宠属于卑下之事,故人在得宠时要感到惊惧不安:"宠辱若惊,贵大患若身。何谓宠辱若惊?宠为下,得之若惊,失之若惊,是谓宠辱若惊。"意思是:得宠和受辱都感到惊惧不安,看重自身像看重大的祸患一样。什么叫得宠和受辱都感到惊惧不安?得宠属于卑下之事,得到它而感到惊惧不安,失去它也感到惊惧不安。因此,《增广贤文》中说"受恩深处宜先退,得意浓时便可休",无疑是对历史经验的深刻总结,值得那些眼下正春风得意的人好好参考。

那么,从热闹场中退下来,又该往哪里退,退下来又该干什么呢?《增广贤文》说:"留得五湖明月在,不愁无处下金钩。"只要五湖上的明月还在,就不愁无处下钩钓鱼。这两句是实写,也是虚写。说它是实写,是因为它明确告诉那些退下来的人,你可以到湖边寻觅一处适合垂钓的地方,悠闲自在地度过一生。说它是虚写,则"五湖明月"是指适合隐居的场所,"下金钩"则指你退下来后适合自己从事的事情。如范蠡辞官不做后,以经商为业,积累了巨额的财富,这亦可视为其"下金钩"取得的成果。有的学者认为,"留得五湖明月在,不愁无处下金钩"与"留得青山在,不怕没柴烧"的意思差不多,指只要保存基本力量,将来不愁没有办法达到目的。这样固然也能说通,但与上文的要求人们在志得意满、功成名就时及时隐退的思想缺乏内在的关联。

二是要选择有发展前途的地方开展自己的事业,不要在没有前途的地方浪费光阴,这就是"休别有鱼处,莫恋浅滩头"的含义,此话对于当今的年轻人选择职业有重要的启发意义。因为人生短暂,适合事业发展的时间更是短暂,如果你选择的是一个有前途的事业,即所谓的"有鱼处",你就不要轻易离开,因为既然是"有鱼处",就有可能捕到鱼,你事业成功的几率就会很大。相反,如果是一个没有什么前途的工作,即所谓的"浅滩头",则不管你如何努力,都是不可能捕到鱼的,对于这样的工作,你就不要留恋,而要尽早离开。

三是与你无缘的人或事物,最后肯定会离你而去,不管你如何努力,怎么挽留,都是无济于事的。如现在有的年轻人谈恋爱,当发现对方已经不爱自己的时候,仍然不肯死心,死缠烂打,希望对方回心转意,与自己重归于好,这样做其实都是徒劳的,不仅浪费了大量的时间精力,还会造成彼此间更大的伤害。因此,必须明白"去时终须去,再三留不住"的道理,不要再存幻想,不要再浪费时间,不要再自我伤害,而要把精力投入真正值得做,而且能得到回报的事情中去。

37 忍一句,息①一怒,饶②一着(zhāo)③,退一步。三十不豪④,四十不富,五十相将⑤寻死路⑥。生不认魂⑦,死不认尸。父母恩深⑧终有别⑨,夫妻义⑩重也分离。人生似鸟同林宿,大限⑪来时各自飞。

【译文】

忍住少说一句,平息一次愤怒,宽恕别人一下,往后退一步。三十岁时缺乏豪情壮志,四十岁时没有富裕起来,五十岁时就要面临死亡了。人活着时不认识自己的灵魂,死了以后不认识自己的尸体。父母对自己的恩情再深厚,终究有离别的一天;夫妻之间的情谊再重,最终也会分离。人生就像鸟儿栖息在同一座树林里,等到死期来临时就各自飞走了。

【注释】

①息:止;停息。　②饶:宽容;宽恕。　③一着:本指下棋落一子,也比喻行事的一个步骤。　④豪:豪放;豪迈。　⑤相将:行将;将要。有的本子作"将相",有的本子作"将近""临近"等。　⑥寻死路:找寻死亡的路径,指面临死亡。　⑦魂:迷信的人指可以离开人体独立存在的精神。　⑧深:情意厚。　⑨别:分离;分开。　⑩义:情谊,人与人相互关爱、帮助的感情。　⑪大限:寿数;死期。一说这里指大的灾难。

【解读】

本段文字主要包含以下三层意思。

一是凡事要以忍让宽容为上,尽量少说过头的话,努力平息自己的怒气,多学会宽恕别人,与人争执时要学会退让。这些都是十分有用的生活智慧,以这样的方式处世待人,不仅自己可以减少许多不必要的麻烦,他人也会乐意与你交往。俗话说"忍得一时忿,终生无悔恨""退一步海阔天空",说的也是同样的意思。

二是人生在不同的阶段有不同的特点,也有不同的奋斗目标,人一旦过了大有作为的年龄,就很难再有作为了。关于人在不同阶段的特点和目标,《增广贤文》中指出,三十岁时要有干事业的豪情壮志,四十岁时要让自己富裕,否则到了五十岁就只好等死了。《增广贤文》

对年龄段的这种划分是否科学，是值得商榷的，尤其是对现代人来说，这种划分并不十分适用，因为古人的平均年龄比现代人要短，有不少古人在五十岁左右就去世了，所以古人过了五十岁就几乎不可能再有作为了；而现代中国人的平均寿命已达到七八十岁，因此五十岁正是大有作为的年龄。不过，《增广贤文》把人生分成三个阶段的观点还是很有启发意义的：在年轻的时候要充满干一番事业的豪情壮志，在中年时要让自己的事业取得明显的成功，这样到老年时才可以安享晚年。否则，年轻时游手好闲、不务正业，中年时一事无成，那么等到老年时，你就只好在贫困中等待死亡的降临了。

三是指出了死亡的可怕，它可以摧毁一切：无论父母恩情、夫妻感情、人与人之间的友情，等到死神降临时，它们统统都不堪一击，都会霎时间灰飞烟灭。因此《增广贤文》发出慨叹："人生似鸟同林宿，大限来时各自飞"，即人生就像鸟儿栖息在同一座林子里，等到死期来临时就各自飞走了。所谓飞走了也就是消失了，为什么这么说呢？因为人"生不认魂，死不认尸"，即人活着时不认识自己的灵魂，死了以后不认识自己的身体，也就是人死以后就什么都不存在了。生死问题及人死后是什么样的问题是长期困扰古人的一个难题，在《论语·先进》中，就记载孔子的弟子子路问孔子死是怎么回事，孔子回答说："未知生，焉知死？"意即对生都还没有弄清楚，怎么能知道死呢？孔子的态度无疑是很有道理的，作为一个活着的人，并没有经历过死亡，你怎么能知道死是怎么回事呢？你虽然看见过别人死亡，但死亡的人只剩下遗体，失去了任何活动和感知的能力，这给人的直接感觉，就是人死了就什么都没有了。至于人是否有能脱离肉体而存在、活动的灵魂，则完全属于见仁见智的问题，因为没有人见到过自己的灵魂。因此，"生不认魂，死不认尸"的说法看似简单，实则蕴含着十分深刻的道理和智慧。

38 人善被人欺,马善被人骑。人无横(hèng)财①不富,马无夜草②不肥。人恶人怕天不怕,人善人欺天不欺。善恶到头③终有报④,只争⑤来早与来迟。黄河尚⑥有澄清⑦日,岂可⑧人无得运⑨时。

【译文】

人善良就会被别人欺负,马善良就会被人骑乘。人没有横财不会变富,马不吃夜草不会变肥。恶毒的人,有人怕他,但是天不会怕他;善良的人,有人欺负他,但是天不会欺负他。行善还是作恶最终都会有报应,不同的只是时间上来得早些与晚些。黄河之水尚且有变清澈的日子,人怎么可以没有走运的时候。

【注释】

① 横财:意外的、非分的钱财。
② 夜草:夜间供给牲畜的饲料。
③ 到头:最后。　④ 报:报应,佛教指种善因得善果、种恶因得恶果。　⑤ 争:相差。
⑥ 尚:尚且。　⑦ 澄清:清澈;清亮。　⑧ 岂可:表示反诘,相当于"怎么可以"。
⑨ 得运:走运;运气好。

【解读】

本段文字主要包含以下两层意思。

一是说明了对待善恶的态度。首先,善良的人容易被别人欺负,正如人们喜欢骑温良驯顺的马一样。善良的人通常性情温和,不愿与人斤斤计较,因此,在那些自私自利的人看来,正是最好的欺负对象。其次,善良的人不要因为容易被别人欺负而感到委屈难受,因为欺负善良之人的都是品质不好的人,而作为正义代表的天则不会欺负善良的人,即所谓"人善人欺天不欺"。再次,邪恶的人虽然能得志于一时,但最终必会受到严厉的惩罚。邪恶的人因为心狠手辣,无恶不作,因此,人们很容易对他们心生畏惧。但是,《增广贤文》告诉我们,"人恶人怕天不怕",天是不会怕恶人的;天不但不怕恶人,而且,在时机成熟时,还会对恶人实施严厉的惩罚。有一个成语叫作"东窗事发",说的就是恶人受到报应的故事。据元代刘一清的《钱塘遗事·一二·东窗事发》载,南宋时,秦桧想杀害岳飞,在东窗下与人密谋此事。他的妻子王夫人说:"把虎擒住容易,把虎放掉很难。"秦桧于是杀了岳飞。秦桧死后不久,他的儿子秦熺

(xī)也死了。一次，王夫人请方士设醮祭祀，看见秦熺戴着铁枷。王夫人问他秦桧在哪里，秦熺说在酆(fēng)都。方士于是前去酆都，发现秦桧身戴铁枷，受尽折磨。秦桧对方士说："麻烦你传话给夫人，就说东窗下密谋杀岳飞的事情已经败露。"后以"东窗事发"指罪行、阴谋败露。

二是人都免不了会有倒霉的时候，但没有人会一辈子都倒霉，只要坚定信心，努力不辍，就总会有时来运转的一天，即所谓"黄河尚有澄清日，岂可人无得运时"。黄河水中因为挟带着大量的泥沙，终年混浊不清，但是，黄河水偶尔也会有变得清澈的时候。因为黄河水变清极为罕见，所以古人把黄河水清看作吉祥的征兆。故《增广贤文》指出，连黄河水都会有变清的一天，人在一辈子中怎么可能一直不走运呢？当然，一个人是否走运，是由两个因素决定的：一个是自身的努力，一个是机遇。这两者结合在一起，便是运气好。以往人们常常把运气好视为机遇好，这是存在偏颇的。光是机遇好，没有自身的积极努力，运气也会从身边溜走。相反，只要你积极努力，就总会有碰上机遇的一天。据《汉书·朱买臣传》记载，朱买臣字翁子，是西汉吴县（今属江苏）人。家中贫困，靠砍柴为生。他常常一边挑着柴，一边看书，并大声朗诵，有人在背后笑他是个书痴，他也不以为意。他的妻子与他一起挑柴，认为这种行为令人羞愧，劝他不要这么做，朱买臣不听。他的妻子便要求与他离婚。朱买臣劝她，说等自己富贵了，一定会好好报答她。他的妻子说：像你这样的人，最后只能饿死于沟壑中，怎么可能富贵呢？朱买臣无奈，只好同意离婚。后来，朱买臣经过刻苦学习，学识大进，被人推荐给了汉武帝。汉武帝任命朱买臣为会稽太守。朱买臣前往上任时，地方官员发动人员整治道路，以迎接朱买臣。朱买臣在整治道路的人群中发现了自己以前的妻子，便用车载着她到自己的官邸。后来他的前妻因羞愧而自杀。这就说明，朱买臣正是依靠自己的努力，等来了"得运"的一天。

需要指出的是，"人无横财不富，马无夜草不肥"两句，放在本段中似乎显得不是很恰当，因为既与上下文之间缺乏内在的关联，而且这种观点本身也存在很大的问题：我们提倡的是通过正当的手段致富，而"横财"指的是意外的、非分的钱财，说"人无横财不富"，意即只有靠意外的、非分的钱财才能致富，这虽然揭示了社会上的部分实情，但这毕竟不是社会中的主流，社会上的大部分有钱人还是靠合法的手段、靠自己的辛苦努力获得财富的。

39 得宠①思辱②，居安虑危③。念念④有如⑤临敌日，心心⑥常似过桥⑦时。英雄行险道，富贵似花枝⑧。人情⑨莫道春光⑩好，只怕秋来有冷时。送君⑪千里，终须一别。但将⑫冷眼⑬看螃蟹，看你横行⑭到几时。

【译文】

受到宠爱的时候要想到有可能会遭受侮辱，处在安定的环境时要想到可能会出现的危难。每一个心念都是好像面对着敌人的时候，心中经常保持过独木桥一样的状态。英雄走的是危险的道路，富贵就像枝条上的花一样好看但不长久。人的感情并不是总像春天的景色一样美好，怕的是有像秋天到来一样清冷的时候。送你到千里之外，终究还是要分别。只用轻蔑的眼光去看螃蟹，看你能横着爬行到什么时候。

【注释】

①宠：宠爱；偏爱。　②辱：耻辱；侮辱。　③居安虑危：处在安定的环境而想到可能会出现的危难。　④念念：每一个心念。　⑤有如：犹如；好像。　⑥心心：指连绵不断的思绪。　⑦桥：这里指有危险的桥，如独木桥。　⑧花枝：开有花的枝条，比喻好看但不长久。　⑨人情：人与人的情分。　⑩春光：春天的景色。　⑪君：对人的尊称。　⑫但将：只用。但：只。将：用。　⑬冷眼：冷漠或轻蔑的眼光。　⑭横行：横着行走。比喻肆行无忌。

【解读】

本段文字主要包含以下三层意思。

一是人不能沉溺于当下的安乐，要知道世事处在不断的变化之中，宠和辱、安和危、好和坏都是矛盾的双方，它们变动不居，由宠变辱、由安变危、由好变坏，只是刹那间之事，所以必须时刻警惕，"念念有如临敌日，心心常似过桥时"，只有这样，才能确保平安，远离危险。中国历史上的亡国之君，如夏桀（jié）、商纣（zhòu）、秦二世、隋炀帝等，大多是由于不明白其中的道理，以为铁打的江山，不管自己怎么折腾，都会稳如磐石；殊不料，转眼间身死国亡，为天下人所笑。而一些明智之君，如商汤王、汉文帝、唐太宗、朱元璋等，则知道政权取决于民心向背的真理,从而关心民间疾苦,严格自律,保证了国家的长治久安。

二是人生总免不了分别,无论是暂时的离别还是生离死别。"送君千里,终须一别",说明送人远行时,送得再远,也会有分别的时候。"送君千里,终须一别"两句见于元代无名氏《庞涓夜走马陵道》的楔(xiē)子:"送君千里,终有一别。哥哥,你回去。"后来,此语常作为惜别之辞,使人听后心中充满惆怅与无奈。在中国古代有这样一种习俗:人们在送别时,常常会折柳相送,以示慰留。之所以要以折柳表示慰留,是因为柳与留同音。汉时,在陕西长安县东有一座桥,名叫灞桥,那里的人送客时,常常要送至灞桥,然后折柳相送,称之为"灞桥折柳"。至唐时,仍保留灞桥折柳这一习俗,当时的人甚至称灞桥为销魂桥,以寄亲人相别、黯然销魂之意。对此,刘禹锡曾有诗:"杨柳含烟灞岸春,年年折柳为行人。"

三是用螃蟹比喻世上得志的小人或蛮横不法之徒,"看你横行到几时",一语双关,表示邪不胜正,恶人迟早会受到惩罚。

40 见事莫说,问事不知,闲事①莫管,无事早归。假饶②染就③真红色,也被旁人说是非④。善事可作,恶事莫为。许⑤人一物,千金不移⑥。

【译文】

见到事情不要到处去说,别人问你事情就说不知道,与自己无关的事情不要去管,没有事情就尽早回家。即使织物上染的是真的红色,也会被人指点议论。善事可以去做,恶事千万不要去做。答应给别人一件东西,即使有人用千金来换也不要变卦。

【注释】

①闲事:与自己没有关系的事。　②假饶:即使;纵使。　③就:成;完成。　④是非:口舌;纠纷。　⑤许:答应。　⑥移:改变。

【解读】

本段文字主要包含以下三层意思。

一是做人要学会明哲保身,多余的话不说,与你无关的事不管;如果不是必须,最好就待在家里不要与别人接触,免得惹来是非。真可谓谨小慎微,典型的缩头乌龟形象。《增广贤文》之所以要如此劝告世人,是因为世上之事纷纭复杂,祸福难料,是非难辨,"假饶染就真红色,也被旁人说是非",即使织物上染的是真的红色,也会被别人议论真假,既然如此,除了躲在家里,远离是非,还有什么其他办法呢?

从上述观点我们可以判断,《增广贤文》的编者肯定是经历了世上诸多的不公,看清了世态炎凉,然后才会选择这种近乎冷酷的处世之道。这样的处世之道当然是十分消极的,而正确的做法,应该是正视社会生活中的不正常现象,直面是非,用积极的态度去关心别人,帮助别人,澄清是非对错,从我做起,从身边的事做起,使全社会渐渐形成乐于助人,敢说真话,坚持真理的良好风气。

二是人活在世上,应该做善事,不可做恶事,即"善事可作,恶事莫为"。这种观念,在中国古代社会是一以贯之的。早在《周易·文言传》中就说:"积善之家,必有余庆;积不善之家,必有余殃。"即积德行善的人家,一定有福泽留给子孙;积恶行不善的人家,一定会给后代留下灾殃。在成书于北宋末年的《太上感应篇》中,也明确告诉人们"诸恶莫作,众善奉行,久久必获吉庆"。至于民间广泛流传的善有善

◀"许人一物，千金不移"，强调了诚实守信的重要性。春秋时期，吴国的公子季札在出使途中顺便去看望一位姓徐的朋友，这位朋友十分喜欢季札的佩剑，季札看在眼里，心中便决定待出使回来后把此剑送给这位朋友。谁知待季札出使归来时，这位朋友却去世了，于是季札便把剑挂在了这位朋友墓前的树上，以表示赠送。连未曾说出口的承诺都恪遵不变，可见季札是如何守信了。此为明代张宏绘制的"延陵挂剑"图，描绘了季札把剑挂到徐君墓前树上的情形。

报、恶有恶报的说法，更是以宗教为手段，告诫人们不可做恶事。

三是做人一定要讲信用，答应给人某件东西，即使此时有人愿出千金来换该件东西，也不可因为贪利而改变承诺。此种观念，在当今市场经济条件下，显得尤为重要。市场经济的目标虽然是追求经济效益，但是，这种对经济效益的追求必须建立在诚信的基础上，否则，市场经济便会陷入无序状态。不过，道理虽然简单易懂，但真正要让人们拒绝利益上的诱惑，按照道理去做，却并不是一件容易的事。

然而，历史上亦有一些特别重视信义的人，不仅一诺千金，而且即使对并未明确开口许诺给别人的东西，只要内心有了许诺给别人的想法，亦会努力去兑现。据《史记·吴太伯世家》载，春秋时期，吴国的公子季札出访外国，在出使途中，他顺便去拜访了一位姓徐的朋友。这位徐君十分喜欢季札的佩剑，却不好意思开口。季札其实也知道这位朋友的心思，只是因为必须佩带此剑出使他国，所以，准备出使回来后再把此剑送给徐君。然而，等到季札出使归来，徐君却故去了。于是，季札便把剑拴在了徐君墓前的大树上。后以"挂剑"作为对亡友守信义的代称。

41 龙生龙子，虎生豹儿①。龙游浅水遭虾戏，虎落平阳②被犬欺。一举③首登龙虎榜④，十年身到凤凰池⑤。十年窗下⑥无人问，一举成名天下知。

【译文】

龙生出龙子，虎生出的后代像豹。龙游到浅水滩会被虾戏弄，虎到了地势平坦的地方会遭狗欺负。一次应试就名列龙虎榜，十年之后就进入朝廷担任高官。在窗下刻苦攻读十年而没有人理睬，一次应试成名后就整个天下都知道你。

【注释】

①虎生豹儿：指老虎生下的后代像豹子。因老虎和豹子长得很像，故有此说。豹：有的本子作"虎"。　②平阳：地势平坦的地方。阳：有的本子作"坦"。　③一举：指一次应试。　④登龙虎榜：指会试时中选。　⑤凤凰池：禁苑中的池沼。魏晋南北朝时设中书省于禁苑，掌管机要，接近皇帝，故也称中书省为"凤凰池"。唐代则多以"凤凰池"指宰相职位。这里当泛指朝廷中的高官。　⑥窗下：指在书房的窗户下刻苦读书。有的本子作"寒窗"。

【解读】

本段文字主要包含以下两层意思。

一是强和弱不是绝对的，强者要真正发挥作用还是需要依靠一定的外部条件，一旦失去了这些外部条件，就有可能被弱小者欺负。比如龙比虾强大得多，但龙适合在深水中活动，一旦到了水浅的地方，就无法施展，这时虾便可以肆无忌惮地戏弄它。同样，老虎比狗强大得多，但老虎适合在深山中活动，一旦到了人口稠密的平坦之地，狗就可以欺负它。有一个成语叫"作法自毙"，也反映了这方面的道理。据《史记·商君列传》记载，商鞅在秦孝公时实施变法，使秦国强大。秦孝公死后，秦惠文王继位，有人诬陷商鞅谋反，商鞅被迫逃亡。当商鞅逃到函谷关的一家旅店准备投宿时，店主却告诉他：根据商鞅所立的法令，没有证件的人不能住店。因此，商鞅感叹：没想到自己制订的法令，却让自己尝到了苦果。商鞅最后被擒获，并被五马分尸。本来位高权重的商鞅被一家小小旅店的店主拒绝，并因此被擒身死，这是典型的"虎落平阳被犬欺"。

二是讲述了科举时代发生在一些读书人身上的巨大变化：一个默默无闻的读书人，经过长期的刻苦攻读，一旦在科举考试中获得成功，便可一步登天，天下闻名，并封官进爵，成为朝廷重臣。即所谓"一举成名天下知""十年身到凤凰池"。中国古代政治制度存在诸多弊病，但科举制度无疑是其中的一个亮点。因为科举制提倡机会均等，不论是富家子弟，还是寒门学子，只要有真才实学，便可在科举场中一决高下，考中者便可掌握权力，享受富贵。这种做法，大大化解了社会矛盾，使社会上的不少精英人物乐意为朝廷效劳，而不会成为朝廷的异己力量。"十年窗下无人问，一举成名天下知"是古代流传甚广的话，如据元代刘祁的《归潜志》卷七载："南渡后，疆土狭隘，止河南、陕西，故仕进调官，皆不得遽（jù）入士，……故当时有云：'古人谓十年窗下无人问，一举成名天下知；今日一举成名天下知，十年窗下无人问也。'"另在宋代洪迈的《夷坚志·汪八解元》中，亦有"十年勤苦无人问，一日成名天下知"的话，与之类似。

最后要补充说明的是，"龙生龙子，虎生豹儿"两句，按现代的话来说，便是反映了物种遗传的规律，与"种豆得豆，种瓜得瓜"的意思类似。但是，这两句话在本段文字中显得比较突兀，与下文"龙游浅水遭虾戏，虎落平阳被犬欺"在意思上亦无内在的关联。

42 酒债①寻常②行处③有,人生七十古来稀。养儿防老④,积谷⑤防饥。鸡豚(tún)⑥狗彘(zhì)⑦之畜⑧,无失其时⑨,数口之家,可以无饥矣。常将有⑩日思无日,莫把无时当有时。

【译文】

欠人酒钱是很平常的事,到处都有;人活到七十岁,则是自古以来就很稀少的事情。养育子女是为了防备老年时没有依靠,储存谷物是为了防备饥荒。鸡狗猪等家畜,不要错过它们繁殖的时机,这样几口人的家庭就可以不挨饿了。常常在有财物的日子想到没有财物的日子,不要把没有财物的时候当成有财物的时候。

【注释】

①酒债:因赊饮所负的债。②寻常:平常。 ③行处:随处;到处。 ④养儿防老:养育儿子以防老年无依靠。也泛指养育子女以防老年无依靠。⑤积谷:储存谷物。 ⑥豚:小猪。 ⑦彘:猪。⑧畜:人饲养的禽兽。 ⑨失其时:指错过繁殖的时机。⑩有:指有财物。

【解读】

本段文字主要包含以下两层意思。

一是人在不得志的时候容易借酒浇愁。"酒债寻常行处有,人生七十古来稀"两句,出自唐代杜甫的《曲江二首》之二:"朝回日日典春衣,每日江头尽醉归。酒债寻常行处有,人生七十古来稀。"描写诗人整天与酒为伴,每天"醉归";而且,为了喝酒,还天天去典当行典当春衣。那么诗人为什么要这么做呢?除了因为在政治上不得志,还因为"人生七十古来稀",人要活到七十岁是很难的事,既然人在世上活的时间很短暂,自己的志向又不能实现,那就不如及时行乐。当然,这表达的只是诗人一时的愤激之情,不能作为通行的处世方式。

二是过日子一定要有计划性:要生儿育女,这样可以在自己衰老时有人照顾;要储备粮食,以防备灾荒;要居安思危,有财物用的时候要想到没有财物用的时候,从而勤俭节约,并积极去创造财富;等等。需要指出的是,"养儿防老"的观念,在中国社会中一直有很大的影响,但在今天则有反思的必要。首先,随着科技的发展,社会的进步,养老问题可以通过多种方式来解决,而并非只有养育子女一种途径,因此,如果生育子女的目的只是"防老",则未免过于狭隘。其次,生儿育女,传宗接代,首先是一种生物的本能,其次则是亲情的需要,如果把生儿育女简单地理解为出于"防老"的目的,则会严重影响父母子女间的感情与关系。因为如果父母生育子女只是为了让子女可以为自己养老,则这样的父母无疑是极端自私的,因为这相当于父母把"防老"的责任强加到了子女头上:父母未经子女之同意,就强行把子女生了下来;有了子女以后,父母又以我把你们养大为由,要求子女必须为自己养老。这对于子女来说,无疑是极不公平的,目前社会上之所以经常发生子女不顾父母、子女对父母不孝顺的情况,与此有十分密切的关系。因此,在关于父母生育子女的问题上,我们必须摒弃"养儿防老"的落后观念,父母在生育子女时,首先要考虑的是我把子女生下来,能否让他们过上幸福的生活,而不是能否让他们给自己一个幸福的晚年,只有这样,父母与子女之间才能真正建立起和睦融洽的关系。

"鸡豚狗彘之畜,无失其时,数口之家,可以无饥矣"一段文字,出自《孟子·梁惠王上》:"鸡豚狗彘之畜,无失其时,七十者可以食肉矣。百亩之田,勿夺其时,数口之家可以无饥矣。"《增广贤文》在此只是取其头尾,把它们连在一起,来说明平时要养些家禽家畜,以补充生活之所需。有的本子则在此无该段文字,而是作"当家才知盐米贵,养子方知父母恩"。

43 时①来风送滕王阁②,运③去雷轰荐福碑④。入门休⑤问荣枯⑥事,观看容颜便得知。官清⑦司吏⑧瘦,神灵⑨庙祝⑩肥。

【译文】

运气到来时风会把你送到滕王阁,失去运气时雷会把荐福碑击碎。进了门用不着问对方境况如何,只要看他脸上的气色就可以知道。官员清廉,他手下的小吏就消瘦;神仙灵验,看管香火的人就长得肥胖。

【注释】

①时:时运,一时的运气。 ②风送滕王阁:指风把你送到滕王阁。滕王阁:在今江西南昌市赣江滨。唐永徽四年(公元653年),唐高祖之子滕王元婴任洪州都督时建,以封号为名。 ③运:运气;命运。 ④雷轰荐福碑:雷击碎荐福碑。常用来指命途多舛,所至失意。荐福:祭神以求福。 ⑤休:不要;别。 ⑥荣枯:草木茂盛与枯萎,比喻人世的盛衰、穷达。 ⑦清:清白。 ⑧司吏:负责办理文书的小吏。 ⑨灵:灵验;预言能够应验。 ⑩庙祝:庙宇中管香火的人。

【解读】

本段文字主要包含以下三层意思。

一是人的一生受命运的支配,命运好时,常会有意外之喜;命运不济时,极易办成的事也会出现意外。在此,作者用"时来风送滕王阁,运去雷轰荐福碑"来说明命运的支配作用。"风送滕王阁",说的是唐高宗时,洪州都督阎伯屿重修滕王阁,诗人王勃当时正坐船去交趾探亲,所乘坐的船被风吹到滕王阁,适逢阎氏在此大宴宾客,于是王勃受邀参加宴会,并即席赋《滕王阁序》,文辞极其优美,为王勃赢得了极高的声誉。"雷轰荐福碑"之事,据宋代惠洪的《冷斋夜话》卷二载,范仲淹镇守鄱阳时,有一个书生向他献诗,诗写得很工整,且书生自称一生从未吃饱过。当时盛行欧阳询的书法,他所写的荐福碑墨本价值千钱。范仲淹便准备替书生拓印一千碑,让他去京城售卖。然而,纸墨都已准备好了,荐福碑却在头天晚上被雷击毁。对此,元代马致远的《半夜雷轰荐福碑》中有详细的演绎。这种极为罕见之事会发

▲ "时来风送滕王阁,运去雷轰荐福碑",这是发生在中国历史上的两个颇有意味的事件,说明在人的一生中,确实会发生某些匪夷所思的意外之喜或意外之灾,让人感觉到造化弄人,命运无常。但是,这毕竟是极为偶然的事件,并非生活中的常态,所以我们不能以此来证明命运的存在及其支配作用。上图左为王勃像,选自清代上官周的《晚笑堂画传》;右为"半夜雷轰荐福碑"图,选自明代的《元曲选》。

增广贤文

生在一个穷书生身上,可见此书生的命运是多么不济了。

二是一个人目前处境的好坏,从他的脸色中就能反映出来,即所谓"观看容颜便得知"。这种说法是有一定道理的,因为一个生活富足、悠闲自在的人,通常都会红光满面,精神饱满;而一个穷困潦倒、整天都在为生计奔波的人,则通常会显得灰头土脸,憔悴不堪。

三是看待事物不能停留于表面,而要透过现象抓住本质。"官清司吏瘦,神灵庙祝肥。"这一瘦一肥,是办事人员在外貌上的表现,却有着很深的内涵:司吏之所以瘦,是因为顶头上司为官清廉,他没有什么油水可捞;庙祝之所以肥,是因为庙中的神仙灵验,前来烧香上供的人很多,他可以从中获得不少好处。因此,处处留意皆学问,许多看似十分普通的现象,对于一个有心之人来说,却往往具有十分丰富的内涵。

44 息却①雷霆之怒②，罢③却虎狼④之威。饶⑤人算⑥之本，输⑦人算之机⑧。好言难得，恶语⑨易施⑩。一言既出，驷马难追⑪。

【译文】

平息雷霆般的怒气，除去虎狼那样的威风。宽恕别人是进行谋划的根本，对人逊让是进行谋划的关键。好话不容易听到，恶毒的话却很容易说出口。一句话说出了口，就是四匹马拉的车也追不回来。

【注释】

①息却：停止；停息。却：助词，用在动词后面，表示动作完成。　②雷霆之怒：对帝王或尊者的暴怒的敬称。雷霆：暴雷；霹雳。　③罢：解除；免去。　④虎狼：比喻凶残或勇猛的人。也比喻凶残或勇猛。　⑤饶：宽恕；宽容。　⑥算：谋划。一说指胜算；一说指算作。　⑦输：逊让。　⑧机：事物的关键；枢纽。　⑨恶语：恶毒的话。　⑩施：施加。　⑪一言既出，驷马难追：一句话说出了口，就是四匹马拉的车也追不回来。形容话说出之后，无法再收回。驷马：同拉一辆车的四匹马。

【解读】

本段文字主要包含以下两层意思。

一是要学会宽恕别人，对人要谦让，即所谓"饶人算之本，输人算之机"。关于"饶人算之本，输人算之机"两句，理解起来有一定的难度，以往的注译者们也是众说纷纭，如有的译为宽恕别人是处世的根本，捐助别人是处世的关键；有的译为能饶恕别人是计谋的根本，能向人认输是计谋的关键；有的译为能宽恕别人是处事能胜算的根本，承认不如别人是处事能够成功的关键；等等。关键在于对"算"和"输"两个字的理解。从以上解释看，有的注译者把"算"释为"计谋"，有的释为"胜算"，有的则干脆回避了。其实这里的"算"应释为"谋划"。关于"输"字，有的释为"捐助"，有的释为"认输"，似均不合适，因为这里的"输"与"饶"相对，"饶"是"宽恕"的意思，则"输"释为"逊让""谦让"等应更为恰当。因此，"饶人算之本，输人算之机"，当指宽恕别人是进行谋划的根本，对人逊让是进行谋划的关键。在现实生活中,我们常常会面临各种各样的挑战和问题,需要我们想出应对之策。因此,《增广贤文》告诉我们,在这个时候,一定要"息却雷霆之怒,罢却虎狼之威",一切以宽恕、逊让为本,这样才不会做出令人后悔之事。

一个人能学会宽恕别人,对人谦让,自然就不会轻易发怒,更不会在别人面前耍威风、摆架子,所以在中国古代,一直把宽恕和谦让作为重要的美德。在《论语·里仁》中,孔子说"吾道一以贯之",即我的思想是用一个原则来贯穿的。对此,曾子解释说,这个原则就是忠和恕:"夫子之道,忠恕而已矣。"至于谦让,在《周易》中有《谦》卦,该卦所有的卦爻辞都显示吉祥或没有任何不利,这在《周易》六十四卦中是极为罕见的,反映了作者对谦虚之德的重视。

二是说话必须慎重。一方面是因为"一言既出,驷马难追",说出去的话不可能收回;另一方面则是因为"好言难得,恶语易施",人们通常不愿意去夸赞别人,却喜欢挑别人的毛病,说别人不爱听的话。这两者加在一起,若不慎重考虑,就很容易说出让你后悔的话。所以在日常生活中,我们不光要三思而后行,也要做到三思而后言。

不过,"一言既出,驷马难追"两句还有另一层意思,就是说话要讲信用,对别人承诺了什么,就一定要想方设法去兑现。据《后汉书·范式传》记载,范式是山阳金乡人,张劭是汝南人,两人一起在京城上学,是好朋友。后来,两个人各自回到家乡。回家前,范式对张劭说:"两年后我将去你家拜见你的双亲,看望你的孩子。"后来,约定的日子快到了,张劭对他的母亲说起此事,请母亲准备饭菜。他的母亲对此不太相信,张劭说:"范式是一个讲信用的人,肯定不会失约。"到了约定的那天,范式果然来了,两个人尽欢而别。后以"鸡黍(在这里指饭菜)之约"指彼此间情谊深重,信守约定。

45 道吾好者是吾贼①,道吾恶②者是吾师。路逢险处须当避,不是才人③莫献诗。三人同行,必有我师④焉:择其善者而从⑤之,其不善者而改之。少壮⑥不努力,老大⑦徒⑧伤悲⑨。人有善愿,天必佑⑩之。

【译文】

说我好的人是害我的人,说我不好的人是我的老师。路上碰到有危险的地方一定要避开,不是有才华的人就不要向他献诗。三个人同行,其中一定有值得我学习的人:选择其中好的方面去学习,对其中不好的方面则对照自己加以改正。年轻力壮的时候不奋发努力,年老的时候就会空自悲伤。一个人有善良的愿望,上天一定会保佑他。

【注释】

①贼:造成严重危害的人。
②恶:不好。 ③才人:有才华的人。 ④师:一说指效法、学习;一说指老师。 ⑤从:跟从;跟随。 ⑥少壮:年轻力壮。壮:有的本子作"年",有的本子作"小"。 ⑦老大:年老;年纪大。大:有的本子作"来"。 ⑧徒:白白地。 ⑨伤悲:有的本子作"悲伤"。 ⑩佑:辅助;保护。

【解读】

本段文字主要包含以下三层意思。

一是做人要虚心,不要光喜欢听好话,有时候不好听的话才是真正有价值的话,即所谓"道吾恶者是吾师"。然而,爱听好话,不爱听批评的话,这是不少人的天性,但是这一天性却正是人天生的弱点。因为听惯了太多表扬的话,人就会飘飘然,以为自己什么都好,什么都比别人强,从而不再努力,不再上进,这样长此以往,最后吃亏的当然只能是自己。相反,批评的话虽然难听,但是,它可以使你清醒,使你看到自己的不足,从而奋发努力,这样当然就更容易走向成功。因此,在中国古代的朝廷中,通常设有谏官,其职责就是向皇帝提不同的意见,以免皇帝偏听偏信。然而,遗憾的是,历史上喜欢歌功颂德的皇帝多,喜欢听逆耳之言的皇帝少,所以朝代才会不断更替。

"三人同行……其不善者而改之"一段,出自《论语·述而》,是孔子所说的话，只是《论语》中作"三人行"，而不是"三人同行"。不过，值得注意的是，历代学者对"三人行，必有我师"的理解却存在不少分歧。如朱熹在《论语集注》中说："三人同行，其一我也。彼二人者一善一恶，则我从其善而改其恶焉，是二人者皆我师焉。"即把"三人"理解为一个我、一个善人、一个恶人。有的学者反对这种理解，认为"三人"并非确指，只是强调即使是很少的几个人，亦必有值得我学习的对象；所谓"善者""不善者"，也不是指一个善人、一个恶人，而是指好的方面和不好的方面。有的学者说，孔子为什么说"三人行"，而不说"二人行"呢？那是因为两个人会各说各的，无法分辨善与不善，若有三个人，便可通过比较而看清善与不善。笔者认为，相比之下，第二种理解似更为恰当，因为孔子在此要强调的是学无常师、处处留心皆学问，至于究竟与你同行的是几个人，是善人还是恶人，则并非问题的关键。

　　二是人从小就应努力学习，否则到老时就会一事无成，徒自伤悲。"少壮不努力，老大徒伤悲"两句出自《乐府诗集·长歌行》："百川东到海，何时复西归？少壮不努力，老大徒伤悲。"意即众多的江河向东奔向大海，从来就没有向西流过。人生也是一样，都是从小到老，从来都不会由老变少。因此，如果年少的时候不奋发努力，那么到老时除了空自悲叹，还能有什么呢？这个道理应该是比较好懂的。

　　三是人应该有善良的愿望，因为一个人若有了善良的愿望，天就一定会保佑他。"人有善愿，天必佑之"的观点，与《老子》第七十九章"天道无亲，常与善人"的思想一脉相承。所谓"天道无亲，常与善人"，意即天道没有偏爱，常常帮助善人。但这只是一种比喻性或拟人的说法，因为天或天道即自然的规律，它无思无欲，不可能有意识地去做什么事情，更不可能发现谁是善人就去帮助他。因此，"天道无亲，常与善人"的实质是：因为善人之所为符合天道，所以善人常常能实现自己的目标。故宋代的吴澄说："老子之道无为自然，一付之天而已。然天之殃恶祐善，岂若人之有心哉？恶者必祸，善者必福，理之自然而然尔。"（《道德真经注》）

46 莫吃①卯时②酒，昏昏醉到酉③。莫骂酉时妻④，一夜受孤凄⑤。种麻⑥得麻，种豆得豆。天网恢恢⑦，疏⑧而不漏。

【译文】

不要在早晨喝酒，那会让你昏昏沉沉一直醉到傍晚。不要在傍晚时责骂妻子，那会让你整个晚上都感到孤单凄凉。种下麻的种子就会长出麻来，种下豆的种子就会长出豆来。自然的规律像广大无边的网一样，虽然网眼稀疏，却什么都不会漏失。

【注释】

①吃：有的本子作"饮"。　②卯时：早晨五点到七点的时间。　③酉：指酉时，即下午五点到七点的时间。　④莫骂酉时妻：指不要在酉时责骂妻子。　⑤孤凄：孤单凄凉。　⑥麻：指麻的种子。麻是黄麻、大麻、亚麻等麻类植物的统称。　⑦天网恢恢：自然的规律像广大无边的网一样。天：指天道。恢恢：宽阔广大的样子。　⑧疏：稀疏；稀少。

【解读】

本段文字主要包含以下两层意思。

一是做事情需要找合适的时间，有些事情如果在不合适的时间去做，你就会付出不必要的代价。比如喝酒，如果在晚上喝，即使喝多了，你也可以上床睡觉，一觉睡到天亮，什么事情都不会耽误；比如你要责骂妻子，你可以在大白天责骂，即使她有什么不满，到了晚上，气也消了。相反，如果你在大早晨喝酒，一旦喝醉了，白天的事情岂不都耽误了？你在晚上责骂妻子，她给你脸色看，不搭理你，那么整个晚上你就只好在孤独凄凉中度过。在喝酒、责怪妻子这样的小事情上尚且要找合适的时间，在学习、工作、创业等事情上就更需要待时而动了。东汉末年，诸葛亮隐居南阳，自称卧龙，静观天下大势。等到天下大乱，刘备三顾茅庐，诸葛亮便毅然出山，最终贵为蜀国丞相，这就是把握时机成就大业的典型例子。故《周易·系辞传》中说："君子藏器于身，待时而动，何不利之有？"意即君子把器械（也喻指才能）藏在身上，等待时机而行动，这会有什么不利呢？

二是有什么因,就有什么果;做了什么样的事情,就会产生什么样的结果。正如"种麻得麻,种豆得豆",如果积德行善,你就会有好的回报;如果作恶犯罪,你就会受到法律的严惩。因为"天网恢恢,疏而不漏",天道不会漏失任何恶人,你或许能躲得过一时,但躲不过一世。故《周易·文言传》中说:"积善之家,必有余庆;积不善之家,必有余殃。"意即积德行善的人家,一定有福泽留给子孙;积恶行不善的人家,一定会给后代留下灾殃。需要说明的是,"天网恢恢,疏而不漏"两句出自《老子》第七十三章,原作"天网恢恢,疏而不失",但意思完全一样。

47 见官莫向前,做客莫在后。宁添一斗①,莫添一口②。螳螂捕蝉,岂③知黄雀在后。不求金玉重重④贵,但愿儿孙个个贤⑤。一日夫妻,百世⑥姻缘⑦。百世修⑧来同船渡,千世修来共枕眠。

【译文】

见到官员时不要向前凑,做客时不要躲在后面。宁可增添一斗粮食,不要增添一口人。螳螂准备捕捉蝉时,哪里知道黄雀正在它的身后将要吃它。不追求有很多贵重的金银珠玉,只希望子孙个个都很贤能。能做一天的夫妻,是百世修来的姻缘。修炼一百世才有同乘一条船渡河的缘分,修炼一千世才有同床共枕的缘分。

【注释】

①一斗:指一斗粮食。
②口:人口;人。 ③岂:哪里;怎么。 ④重重:一层又一层,形容很多。
⑤贤:有品德或才能。
⑥百世:世世代代。指久远的岁月。 ⑦姻缘:婚姻的缘分。 ⑧修:修行;修炼。

【解读】

本段文字主要包含以下五层意思。

一是为人处事要把握分寸,要知道在什么场合该做什么事。见到官员时,不要往前凑,因为古代官员权力很大,威势显赫,老百姓见到官员时往前凑,弄不好就会吃不了兜着走,甚至还会有性命之忧。所以见到官员,最好是敬而远之。然而,当你去别人家里做客时,你就不要往后躲,而要大大方方地上前与主人打招呼,拉家常,谈事情,否则人家就会说你没礼貌,为人小气,上不了台面。

二是当家境不好时,轻易不要生孩子,以免增加负担。虽然古代中国人提倡多子多福,但那是对富贵人家而言的,对于普通百姓来说,解决自己的温饱尚且是个很难的事情,突然间增添一个孩子,这无疑是沉重的负担。在中国古代,每当遇到天灾人祸,便会发生卖儿鬻(yù)女之事,就与普通人家经济基础薄弱,养不起孩子有关。所以"宁添一斗,莫添一口"的说法,是相对于古代农业社会靠天吃饭、家无余粮的状况而言的。值得注意的是,当今中国正面临生育率严重下降的问题,有不少学者认为,这与当前房价高企、育儿成本过高、人们收入相对不足有密切的关系。由此可见,经济状况与人们的生育意愿明显呈正比的关系。

三是做事情要注意周密考察,不要只看到做某件事有利可图,而看不见其中隐藏的祸患。所谓"螳螂捕蝉,岂知黄雀在后",说的就是这个道理。"螳螂捕蝉,黄雀在后"的说法出自《庄子·山木》,说的是庄子看见一只很大的鸟落在栗林中,便拿着弹弓准备弹鸟。这时,他看见一只知了正在浓荫下美美地休息,一只螳螂则躲在树叶后准备捕捉知了;而那只大鸟则正准备吃螳螂,根本不知道庄周拿着弹弓要弹它。因此,当人们发现做某事会给自己带来利益的时候,一定要想到它是否隐藏着某种风险。尤其是当你碰上那种"天上掉馅饼"的好事时,更是要提高警惕。

四是子孙贤能比家中堆满金银财宝还重要。为什么呢?因为金银财宝是死的东西,它只伴随有能力的人,因此,即使你的家里堆满了金银,但是,如果你的子孙不成材,只知花天酒地,任意挥霍,转眼间就会一贫如洗。相反,即使你很贫穷,但是你的子孙很贤能,那么想得到金银财宝、让家庭富裕起来就只是时间早晚的问题;而且,他们不仅能发家,还能守住这份家业,再传给子孙后代。所以,把钱财和子孙贤能作比较,后者无疑是更为重要的。据《汉书·隽疏于薛平彭传》记载,汉宣帝时,疏广、疏受叔侄俩一任太傅,一任少傅,受人称颂。然而,过了没几年,疏广对疏受说:"吾闻'知足不辱,知止不殆','功遂身退,天之道'也。……归老故乡,以寿命终,不亦善乎?"于是叔侄俩同时称病辞官。朝廷同意了他们的请求,并赐给数十斤黄金。叔侄俩回乡后,天天与故旧宾客聚饮娱乐。疏广的子孙担心这样下去,朝廷的赏赐会很快花光,便劝疏广多置些产业。对此,疏广回答说:"吾岂老悖不念子孙哉?顾自有旧田庐,令子孙勤力其中,足以共衣食,与凡人齐。今复增益之以为赢余,但教子孙怠堕耳。贤而多财,则损其志;愚而多财,则益其过。且夫富者,众人之怨也;吾既亡以教化子孙,不欲益其过而生怨。……"意即原有的田宅,已足以让子孙过上温饱不愁的日子,如果再增添产业,则是让子孙懈怠堕落。因为如果子孙贤能而多财,则会影响其志向;子孙愚蠢而多财,则只会让他们犯更多的过错。因此,疏广可谓深谙子孙贤能比多财更重要的道理了。

五是要珍惜夫妻姻缘。夫妻关系是家庭关系的基础,也是整个社会的基础,若夫妻关系破裂,就会影响父子、母子等多重关系,并间接地影响到社会的稳定。所以,中国古代对夫妻关系极为重视,如《周易·序卦传》中说:"有夫妇然后有父子,有父子然后有君臣,有君臣然后有上下,有上下然后礼义有所错(即'措')。"有意思的是,《增广贤文》中对于夫妻姻缘重要性的论述是借助某种迷信来进行的,即所谓"百世修来同船渡,千世修来共枕眠",男子和女子修炼一百世,才得到同船渡河的缘分;只有修炼一千世,才能最终在一起同床共眠。这样的说法当然是没有什么依据的,但它从一个侧面说明了夫妻姻缘是十分难得的,应予以珍惜。当然,若夫妻缘分已尽,则又另当别论。

48 杀人一万,自损三千。伤人一语,利①如②刀割。枯木逢春犹③再发④,人无两度⑤再少年。未晚⑥先投宿⑦,鸡鸣早看天。

【译文】

杀死一万敌人,自己损失三千人。伤害人的一句话,比用刀割人还要厉害。枯萎的树木遇到春天还能重新生长,人却没有两次年少的时候。天色未晚时就要先找地方住宿,公鸡鸣叫时要及早起来看看天气。

【注释】

①利:胜;胜过。 ②如:介词。于。 ③犹:还;尚且。 ④发:生长。 ⑤两度:两次。 ⑥晚:日暮;黄昏。 ⑦投宿:找地方住宿。

【解读】

本段文字主要包含以下两层意思。

一是有作用力就有反作用力,当你伤害别人时,同样也会伤害到自己。这就好比打仗,杀死敌人一万,这是很大的战果,但是,这个战果不是轻易得来的,己方也会损失三千人,即所谓"杀人一万,自损三千"。以三千比一万,虽然看上去很划算,但是三千人的性命也是十分惨重的代价,所以军事上的最高境界是"不战而屈人之兵",即不通过打仗而战胜敌人。同样,恶语伤人,会让受到伤害的一方十分痛苦:"利如刀割"。但是,对方受到攻击后,不会轻易罢休,肯定要予以还击,他也同样可以用伤人的话让你感到"利如刀割"。因此,这个账算下来,最高明的办法还是大家互不伤害,和睦相处。需要指出的是,"利如刀割"的"利",有不少学者释为锋利,从而把"利如刀割"释为锋利得像用刀割一样,这样的解释其实是很不通顺的。这里的"利",应该是"胜过""比……厉害"的意思,"如",则是"于"的意思,因此,"利如刀割",应该指比用刀割人还要厉害的意思。在《荀子·荣辱》中,有"伤人之言,深于矛戟"的话,意为伤害别人的话,比用矛戟伤得还深,意思与此类似。

二是人生是一条不归路,只能往前走,不可能重新走,因为树木可以一岁一枯荣,而人则"无两度再少年"。既然如此,我们在走人生之路时就要好好设计,尽量走一条风景优美的阳关大道,千万不要去走危机四伏的暗黑之路。"未晚先投宿,鸡鸣早看天",指的是外出旅行时,天色未晚就要赶紧找到住宿的地方,以免天黑后没有地方过夜;天刚亮时就要赶紧看看天色,判断是晴天还是会下雨,以便为当天的活动作出安排。所说内容虽十分具体,但也有深刻的意蕴,即做什么事都要未雨绸缪,提前准备,切莫浑浑噩噩,无所用心,那样在遇到事情时便不会束手无策。故《中庸》中说:"凡事豫则立,不豫则废。言前定则不跲(jiá),事前定则不困,行前定则不疚,道前定则不穷。"意即凡事能预先作好准备,就能取得成功;预先没有准备,就有可能失败。说话预先考虑好,就不会语塞不畅;做事预先计划好,就不会遭遇困难;修行预先立有主张,就不会造成愧疚;追求道理预先有目标,就不会陷于困境。

49 将相①顶头②堪③走马④,公侯⑤肚里好撑船⑥。富人思来年⑦,贫人⑧思眼前。世人若要人情⑨好,赊⑩去物件莫取钱。死生有命⑪,富贵在天。

【译文】

将相的头顶可以骑马奔跑,公侯的肚子里能够划船。富人会考虑明年的事,穷人则只想眼前的事。世上的人如果想要有好的情谊,就在别人赊欠东西时不向对方要钱。一个人的死和生由命运安排,富和贵受上天掌握。

【注释】

①将相:将军和宰相。 ②顶头:顶端,即头顶。有的本子作"胸前"。 ③堪:能。 ④走马:骑马奔跑。 ⑤公侯:公爵和侯爵,是古代五等爵中的第一和第二位。也泛指官高位显的人。 ⑥撑船:用篙使船行进。 ⑦来年:明年。 ⑧贫人:穷人;贫民。 ⑨人情:情谊。 ⑩赊:买卖货物时买方延期交款,卖方延期收款。 ⑪命:命运,迷信的人指人一生注定的生死、贫富和一切遭遇。

【解读】

本段文字主要包含以下四层意思。

一是做人要有度量,那些做将相公侯的人,就常常有异乎常人的度量:将相的头顶可以骑马奔跑,公侯的肚子里能够划船。因此,一个人想要成就一番事业,就必须有大度量。因为干事业必须与他人合作,而与他人合作就难免发生矛盾、产生冲突,在这个时候,没有度量的人常常会意气用事,或恶语相向,或分道扬镳,所谓的事业也就因此付诸东流。在有无度量的问题上,我们还真是要佩服汉高祖刘邦。据《史记·高祖本纪》载,刘邦建立汉朝后,曾经对手下的人说:运筹帷幄之中,决胜千里之外,我不如张良;安抚百姓,保障后勤,我不如萧何;战必胜,攻必取,我不如韩信。那么刘邦是靠什么夺取天下的呢?他说:"此三者,皆人杰也,吾能用之,此吾所以取天下也。"意即他能让张良、韩信、萧何这三位人杰死心塌地跟着自己,所以他才取得了天下。那么刘邦又是靠什么让这三个人死心塌地追随他的呢?主要原因就是三个字:度量大。有一个成语叫"唾面自干",说的也是人要有忍人所不能忍的度量。据《新唐书·娄师德传》载，娄师德是唐代著名的大臣，为政孜孜不倦，待人谦虚，他的弟弟任代州太守，前往上任时，来向娄师德辞行，娄师德教他做官要学会忍耐。他的弟弟表示赞同，说：即使有人把唾沫吐到我的脸上，也只是把它擦干罢了。娄师德说：这样做还不够，你把它擦干，有违对方的愤怒，应该让它自己变干。后来便以"唾面自干"指受到侮辱后强自忍耐，不作反应。

　　二是人只有有了多余的物质财富，才会去考虑长远之事，否则便只会考虑眼下的温饱，即所谓"富人思来年，贫人思眼前"。富人因为有充足的物质财富，没有眼前的衣食之忧，所以他可以从容地考虑明年的安排，诸如如何扩大经营规模，如何更好地进行产业优化之类；穷人因为缺吃少穿，所以他满脑子想的只是眼下如何不被饿死、冻死，如何应对别人的逼债，当然不可能去考虑长远之事了。这样导致的结果就是：富人越来越富，穷人越来越穷。

　　三是一个人只有懂得付出，才能拥有良好的人际关系。"世上若要人情好，赊去物件莫取钱"，意即如果你想要与别人有好的情谊，就要在别人赊取东西时不向对方要钱。话说得似乎有些绝对，但确实是很有道理的。因为只有当你愿意为对方无偿付出时，对方才会把你视为值得信赖的朋友。如《老子》第七十九章中说："是以圣人执左契，而不责于人。故有德司契，无德司彻。"意即圣人手中持有用来索偿的左契，却并不向对方索取偿还。因此有德的人只是掌握契据而已，无德的人则像掌管税收者收税一样向对方索偿。所谓手中持有用来索偿的契据，却不向对方索偿，与这里的"赊取物件莫取钱"意思类似，而老子把这样的人称为有德的人，说明在日常的人际交往中，不与别人斤斤计较，心甘情愿地为别人付出，视吃亏为福，是十分重要的品德。据《战国策·齐策四》记载，冯谖（xuān）是孟尝君的门客，他奉孟尝君之命带着契约去孟尝君的封邑——薛邑收债。冯谖到了薛邑后，把该还债的老百姓召集起来，与他们核对契约后，假传孟尝君的命令，宣布免掉百姓所欠的债务，并当众把契约烧掉，百姓们皆呼万岁。后来，孟尝君被罢官，只好回到薛邑，百姓们听说后，都扶老携幼，去百里之外迎接他。此事后被称为"焚券市义"。

　　四是一个人寿命的长短、是否能享受富贵，都是由命运决定的，即所谓"死生有命，富贵在天"。"死生有命，富贵在天"两句，见于《论语·颜渊》："司马牛忧曰：'人皆有兄弟，我独亡。'子夏曰：'商闻之矣：死生有命，富贵在天。君子敬而无失，与人恭而有礼，四海之内，皆兄弟也。君子何患乎无兄弟也？'"意思是：司马牛忧愁地说："别人都有兄弟，只有我没有。"子夏说："我听说过：一个人的死和生由命运安排，富和贵受上天掌握。君子只要谨慎行事，不犯过错，对人恭敬而有礼貌，那么整个天下的人都会成为你的兄弟。君子何必忧愁没有兄弟呢？"据《左传·哀公十四年》载，司马牛的哥哥向魋(tuí，即桓魋)准备袭击宋景公，被宋景公识破，被迫逃到了卫国；向魋的哥哥向巢受到牵连，逃到了鲁国；司马牛则交出自己的封邑和符信，逃到了齐国，后又迁往吴国，又回到宋国，最后死在鲁国都城的外城门外。因此，本章所记，当是向魋发动叛乱失败以后的事。向魋曾想谋害孔子，现在又背叛国君，落得这样的下场，在司马牛看来，这样的兄长有与没有一样，于是便对子夏说：别人都有兄弟，只有我没有兄弟。司马牛兄弟四散，家财也丧失殆尽，这样的处境，无疑是让人同情的，因此，子夏便劝司马牛要想开些，因为"死生有命，富贵在天"，这一切都是命中注定的，人力无法改变，目的是希望司马牛能从痛苦中解脱出来。这一记载说明，"死生有命，富贵在天"两句，子夏说是听别人说的，有不少学者认为是听孔子说的，但这只是一种猜测。从今天的眼光来看，"死生有命，富贵在天"宣扬的当然是一种迷信的思想，因为人可以通过自己的奋斗来改变命运，而不应在所谓的命运面前逆来顺受，不思进取。但是在中国古代，相信此话的人还是不少的，尤其是当人们遭遇无法承受的巨大变故之时，此话还是能起一定的安慰和麻痹作用的。

50 击石原有火①,不击乃②无烟。人学始知道③,不学亦徒然④。莫笑他人老,终须⑤还⑥到老。但⑦能依⑧本分⑨,终须无烦恼。

【译文】

击打石头自然会产生火花,不去击打便不会有烟冒出。人通过学习才懂得道理,不去学习也就不会有任何收获。不要嘲笑他人年老,你自己最终也会变老。只要能安于本分,终究不会有什么烦恼。

【注释】

①有火:指能产生火花。 ②乃:就。 ③道:道理;规律。 ④徒然:枉然,得不到任何收获。 ⑤终须:终究会;最终会。 ⑥还:来;到来。 ⑦但:只要。 ⑧依:按照。 ⑨本分:本人应尽的责任和义务。

【解读】

本段文字主要包含以下三层意思。

一是强调学习的重要性,认为只有通过学习,才能懂得道理,否则就会糊里糊涂地过一辈子。为了说明这个道理,作者以击石生火为例:击打石头就能产生火花,如果不去击打,就不会有火花产生;击打石头能产生火花,这是事物的本性,就如人通过学习就能掌握知识一样;不去击打石头,火花就无从产生,正如人不去学习就不会懂得事理。也就是说,人拥有通过学习掌握知识的能力,但是这种能力只是一种可能性,它不等于知识本身,只有通过认真的学习,才能真正掌握知识,懂得事理。

"击石原有火"等四句出自唐代孟郊的《劝学》诗:"击石乃有火,不击元无烟。人学始知道,不学非自然。"只是在个别文字上存在出入。

二是不要嘲笑老人,因为你自己也会很快变老。这种观点,在前面也有类似的表述,如在第28段中说:"人见白头嗔,我见白头喜。多少少年亡,不到白头死。"第32段中说:"白发不随老人去,看来又是白头翁。"可参看这两段的"解读"。

三是强调做人要安于本分。所谓本分,指的是本身应尽的责任和义务。如教师的本分是教书育人,农民的本分是种好庄稼,医生的本分是治病救人，等等。因此，如果每个人都能安于其本分，一心做好自己的本职工作，当然也就不会有太多的烦恼。但是，如果一个人非要去做超越本分的事情，如一个农民，非要去指导教师如何教书；一个工人，非要去指导医生如何治病；……当然就会给自己带来诸多不必要的烦恼，如被斥为多管闲事，被讥为无知者无畏，等等。其实，在《论语·泰伯》和《论语·宪问》中，孔子就曾反复强调"不在其位，不谋其政"，即不在那个职位上，就不去谋划那个职位上的事，表达的也是人应安于本分的意思。

51 君子①爱财,取之有道②;贞妇③爱色④,纳⑤之以礼⑥。善有善报⑦,恶有恶报;不是不报,日子未到。

【译文】

君子喜欢钱财,但是通过正当的途径去获得;贞洁的女子也喜欢漂亮,要用符合礼义的方式去娶她。行善的人会有好的回报,作恶的人会有坏的报应;不是没有报应,只是报应的日子还没有到。

【注释】

①君子:人格高尚的人。　②有道:有办法。这里指通过正当的途径。道:方法;途径。　③贞妇:旧时指从一而终,即丈夫死后不再嫁人的妇女。　④色:女子的美貌。　⑤纳:娶。　⑥礼:我国古代制定的行为准则及道德规范。　⑦报:回应;报应。

【解读】

本段文字主要包含以下两层意思。

一是人们都喜欢钱财和美色,但是获得钱财和美色的途径一定要正当。关于"君子爱财,取之有道",前面已多有论述,如第4段中说:"钱财如粪土,仁义值千金";第22段中说:"宁可正而不足,不可邪而有余";第29段中说:"宁向直中取,不可曲中求"。可参看这三段中的"解读"。关于"贞妇爱色,纳之以礼",主要说明两点:首先,贞节与爱美并不矛盾,不要以为贞节的女子就不爱打扮,也不要以为喜欢打扮的女子就不贞节,因为爱美是人的天性;其次,对于贞节而又爱美的女子,要用符合礼义的方式去娶她,不可行苟且之事。不过,对于"贞妇爱色,纳之以礼"两句,学者们有不同的解释,如有的释为"贞洁的女性也喜欢美貌,但装扮需符合礼仪",有的释为"贞洁本分的妇女也喜欢打扮,但要符合礼义规范",等等。具体解释虽有不同,但有两点是共同的:(1)都把"纳"释为打扮、装扮的意思;(2)都把"纳之以礼"的主语理解为"贞妇"。笔者认为,首先,"纳"并无打扮、装扮的意思,因此这样的解释值得商榷。其次,一些学者之所以会作这样的理解,是因为上面的两句"君子爱财,取之有道"中,"取之有道"的主语是"君子",则按照常理,"纳之以礼"的主语亦应该是"贞妇"。这样的理解有一定的道理,但并不符合这两句话的本来意思。

因为"纳"是"娶"的意思,"纳之以礼"即用符合礼义的方式去娶,因此,"纳之以礼"的主语不应是"贞妇",而是娶"贞妇"的人。说到这里,笔者认为必须指出的是,《增广贤文》的编者有时在遣词造句上并不是十分严谨,因此,偶尔会有一些意思不够明确或让人不知所云的句子,遇到这样的情况,我们还是要按照常理来进行疏通、理解,否则,若按自己的主观臆测去解释,便会让人感觉十分别扭。

二是强调因果报应:行善会有好的回报,作恶则会有坏的报应。虽然有时候作恶的人暂时没有受到报应,但那并不是说没有报应,只是报应的时候还未到。类似的意思也见于第38段:"善恶到头终有报,只争来早与来迟。"可参看该段的"解读"。

"善有善报,恶有恶报"的说法出自唐代释道世的《法苑珠林·卷八·六道诸天·报谢》:"故经曰:'行善得善报,行恶得恶报。'"到宋代陈元靓的《事林广记·卷九·警世格言》中则进一步丰富为:"善有善报,恶有恶报,善恶未报,时节未到。""善有善报,恶有恶报",人们常用它来感激行善者或诅咒作恶者。即使在今天,这两句话在社会上仍有很大的影响。

不过,所谓"善有善报,恶有恶报",并不是说行善肯定会得好的回报,作恶肯定会有坏的报应,因为人们从实际的生活经验中早已发现,有不少行善的好人并没有得到好报,相反,一些恶行累累的人,却活得有滋有味,不可一世。而这无疑是让人十分郁闷的事情。其实,早在两千多年前,孔子对于自己的得意弟子伯牛得了不治之症,就曾经感叹过命运的不公。据《论语·雍也》记载,伯牛在孔子弟子中以德行著称,但是伯牛却因病将不久于人世,孔子在去探望伯牛时说:"亡之,命矣夫!斯人也而有斯疾也!斯人也而有斯疾也!"意即:没有办法,真是命啊!这样的人竟会得这种病!这样的人竟会得这种病!儒家重视道德修养,把它视作修身、治国的重要手段,但在疾病、死亡面前,此道德修养却无济于事,所以孔子为之叹息不已。也就是说,虽然说"善有善报,恶有恶报",但现实却是善不见得有善报,恶也不见得就有恶报。那么,我们是否因此就干脆不去行善,而去提倡作恶呢?当然不行!因为首先,人们发现有的事情并非"善有善报,恶有恶报",那是从较短的时间段而言的,若从一个长的历史时段而言,则无疑是"善有善报,恶有恶报"的:如岳飞虽惨死于风波亭,却深受到后人的敬仰;秦桧虽得志于一时,却被钉上了历史的耻辱柱,即是明证。其次,积德行善之人,虽然不一定有好的回报,但心中坦荡,无愧于天地之间,这种感觉也是千金难买的。而作恶行凶之人,虽然暂时并无什么报应,甚至还有可能因此升官发财,享受荣华富贵,但是夜深人静之时,不免受到良心的谴责;梦寐未醒之时,常常有噩梦惊扰;电闪雷鸣之时,则不免心惊肉跳;——虽然并无直接的报应,但此种心灵的折磨,其实已是一种报应。

52 人而无信①,不知其可②也。一人道好,千人传实③。凡事要好,须问三老④。若争小可⑤,便失大道⑥。

【译文】

一个人不守信用,不知道那怎么可以。一个人说好,经过上千人的传播就被认为是真的。凡事如果想办好,必须先询问有声望的老人。如果计较细枝末节,就会失去根本原则。

【注释】

①信:守信用。　②可:可以。
③千人传实:指经过上千人的传播就成为真实的。　④三老:古代掌管教化的官员。也泛指有声望的老人。
⑤小可:指很细小、寻常的事情。
⑥失大道:失去准则;违背正义。

【解读】

本段文字主要包含以下四层意思。

一是为人必须讲信用,因为"人而无信,不知其可也",人不讲信用是不行的。然而,严酷的现实却似乎在不断地提醒我们:人而无信,其实并无不可。因为社会上有不少信口开河的所谓"专家",他们罔(wǎng)顾事实,误导民众,却不以为耻,反以为荣;有不少所谓的成功人士,却正是靠坑蒙拐骗、背信弃义而名利双收;……但是,我们也不要被一时的现象所蒙蔽,因为谎言迟早会被戳穿,这些骗子骗得了一时,骗不了一世,"狼来了"的故事大家耳熟能详,而"烽火戏诸侯"则直接导致了周幽王身败名裂。据《史记·周本纪》载,褒姒(sì)是周幽王的一个妃子,深得周幽王宠爱,却整天板着脸,不露一丝笑容。为博美人一笑,周幽王便带着褒姒来到烽火台,命人点起了战时报警用的烽火。各路诸侯以为有敌人入侵,立即率兵赶到都城,谁知竟是一场闹剧。而站在城楼上的褒姒看到将士们紧张忙碌的样子,禁不住大笑起来。从此,周幽王便常用这个法子来逗美人一笑。后来,北方的少数民族犬戎进犯都城,周幽王命人点起烽火报警,而诸侯们以为只不过是周幽王在取乐而已,都按兵不动。结果都城被攻破,周幽王被杀。

"人而无信,不知其可也"两句,出自《论语·为政》:"子曰:'人而无信,不知其可也。大车无輗(ní),小车无軏(yuè),其何以行之哉?'"意思是:孔子说:"一个人不守信用,不知道这怎么可以。大车没有輗,小车没有軏,车子怎么能行驶呢?"輗和軏都是古代车辆中的重要部件，没有它们车辆就不能行驶。孔子把信用看作仿佛车辆上的𫐐和𫐉，认为人不讲信用，那该如何做人呢？可见孔子把信用看得是多么重要了。

二是人们往往有一种盲目从众的心理，比如某一本书，有个名人说写得好，便会有一群人跟着说好，于是引得大家一窝蜂地争相去看；如某个名人说某人很有水平，便会有一群人跟着说他有水平，于是大家便会纷纷对他恭敬有加，并关注他的点滴小事甚至隐私；等等。这就是所谓的"一人道好，千人传实"。然而，这些名人的观点有无道理呢？他会不会说错了呢？对于这样的问题，则往往很少有人去究问，这也是自古至今一个十分奇怪的社会现象。

三是要重视社会上有声望的老人。一个在社会上有声望的老人，必非普通之人，他不是品德高尚，智慧过人，便是在某方面的专业知识或技术出众。因此，当人们想做某件事情的时候，先去问一问这样的老人：此事能不能做，该怎样做才能成功，往往能收到事半功倍的效果，故《增广贤文》说："凡事要好，须问三老。"当然，对于"凡事要好，须问三老"两句，我们也可以与上两句"一人道好，千人传实"联系起来理解。因为一件事情，当某个有名的人物说好的时候，便会很快被人们相信；既然如此，那么当你在做某件事情之前，先去问一问"三老"，便有可能受到"三老"的赏识而为你传扬，这样此事的成功概率便会大大增加。

四是看问题要把握其实质，不要纠缠于细枝末节，因为若纠缠于细枝末节，便会被表面现象所迷惑，无法认清其根本，亦即会"失大道"。这种观点，用哲学的语言来表达，就是认识事物要抓主要矛盾，因为主要矛盾决定着事物的性质；与主要矛盾相对的是次要矛盾，它是对事物性质侧面的、枝节的反映，所以不能因次要矛盾而影响对主要矛盾的把握。比如说一个国家的科技水平想要取得实质性的提高和突破，便须加大经费投入，并充分调动科研人员的积极性和创造性，如果此时把主要精力放在关注科研人员个人的兴趣爱好、工作习惯上，即是"若争小可，便失大道"了。

53 年年防饥①,夜夜防盗。好②学者如禾③如稻,不学者如蒿④如草。遇饮酒时须饮酒,得⑤高歌⑥处且⑦高歌。因⑧风吹火,用力不多。

【译文】

每一年都要防备饥荒,每天晚上都要防止盗贼。爱好学习的人就像禾苗和稻谷,不学习的人就像蒿子和杂草。遇到饮酒的时候就应该饮酒,需要放声歌唱的地方就应当放声歌唱。顺着风去吹火,不需要用太多的力气。

【注释】

①饥:饥荒,因粮食歉收等引起的食物严重缺乏的状况。　②好:喜欢。有的本子无该字。　③禾:谷类作物的幼苗,特指水稻的植株。
④蒿:蒿子,通常指叶子羽状分裂、有某种特殊气味的草本植物。
⑤得:需要。　⑥高歌:放声歌唱。
⑦且:应当。　⑧因:顺;凭借。

【解读】

本段文字主要包含以下四层意思。

一是强调了事前预防的重要性。不管粮食丰收还是歉收,都要防备发生饥荒;不管有贼还是无贼,晚上都要预防有贼前来偷盗。因为有备无患,否则,心存侥幸,一旦事到临头,就会束手无策,后悔莫及。

二是强调了学习的重要性。人只有通过学习,才能成为有用的人才,否则就会与废物无异,此即所谓"好学者如禾如稻,不学者如蒿如草"。因为禾苗和稻谷能为人提供食物,所以在人们眼中是极有价值的东西;而蒿子和杂草则不但没有多少用处,长在田地里还会影响作物生长,所以不受人们重视,有时甚至受到人们的厌憎。中国人历来有崇尚学习的传统,如《三字经》中说:"古圣贤,尚勤学。……头悬梁,锥刺股,彼不教,自勤苦。如囊萤,如映雪,家虽贫,学不辍。"其中的"囊萤",说的就是车胤(yìn)刻苦学习的故事。据《晋书·车胤传》载:"胤恭勤不倦,博学多通。家贫不常得油,夏日则练囊盛数十萤火以照书,以夜继日焉。"车胤是东晋时人,曾任吏部尚书。车胤年少时,因为家里穷,用不起油灯,他便逮来几十只萤火虫,装入袋中,就着萤火虫的光来读书。后以"囊萤"称赞他人勤学苦读。

122

三是做人不要过于拘泥,更不要不合群,而不妨活得豁达随意一些,"遇饮酒时须饮酒,得高歌处且高歌"。因为人生本就十分短暂,如果你整天一本正经,不苟言笑,时时生活在紧张之中,这样的人生是很无趣的。尤其是当大家都在做某件事情时,如都在喝酒或唱歌时,偏偏你一个人不去参与,在那里冷眼旁观,这也未免太煞风景了。孔子是儒家的圣人,也是一个生活态度十分严谨的人,但孔子不是一个死板的人,阅读《论语》全书,大家便会发现,孔子喜欢唱歌,喜欢弹琴,而且还经常跟自己的学生开玩笑。如据《论语·阳货》记载,子游是孔子的弟子,子游担任武城的长官后,严格按孔子的教导进行治理,在民众中实施礼乐教化,所以境内之民多弹琴唱歌。孔子来到武城,看到这一情景,便笑着说:"杀鸡何必用宰牛的刀。"言下之意,似乎武城只是个小地方,在这么个小地方实施礼乐大道,有些小题大做。子游因为老师说他小题大做,便问道:您不是说君子学习礼乐便会爱人,小人学习礼乐便容易使唤吗?以说明自己之所以在武城实施礼乐教化,完全是在贯彻孔子的主张。孔子听了子游的话后,便说:"偃之言是也。前言戏之耳。"即子游说得对,我前面说的话只是与他开玩笑罢了。圣人尚且如此,作为一个普通人,又为什么要总是端着不能放松呢?

四是做事情要因势利导,要懂得借助外界条件。"因风吹火,用力不多",顺着风去吹火,不需要用太多的力,效果却十分明显。类似的例子还有很多,如《荀子·劝学》中说:"登高而招,臂非加长也,而见者远;顺风而呼,声非加疾也,而闻者彰。假舆马者,非利足也,而致千里;假舟楫者,非能水也,而绝江河。"意即登上高处招手,手臂没有加长,但远处的人都能看见;顺着风呼喊,声音没有增强,但是别人听得更加清楚。利用车马远行的人,并不是善于行走,却能达到千里之远;利用船和桨渡河的人,并不是擅长游泳,却能横渡江河。因此,在具体的生活、学习和工作中,我们一定要学会借助各种条件,而不是傻乎乎地只知道低头蛮干。

54 不因渔父①引②,怎得见波涛。无求到处人情③好,不饮从④他酒价高。知事少时烦恼少,识人多处是非⑤多。入山不怕伤人虎,只怕人情两面刀⑥。

【译文】

没有老渔翁的引导,怎么能见到江湖上的大波浪。不求人时,与别人的交情都很好;不喝酒时,任凭它酒价有多高。知道的事情少的时候,烦恼就少;认识的人多的地方,是非就多。不怕进山时会碰到伤害人的老虎,只怕有的人交往时两面三刀。

【注释】

①渔父:老渔翁。 ②引:带领;引导。 ③人情:人与人的情分。 ④从:听凭;任凭。 ⑤是非:口舌;纠纷。 ⑥两面刀:即两面三刀,比喻当面一套背后一套,玩弄欺骗手法。

【解读】

本段文字主要包含以下四层意思。

一是当你去做一件你从未做过的事情时,最好找过来人来为你领路,而不要一味地只靠自己去摸索、去闯荡。对于每一位进入某个新的领域的人,或对于每一个刚刚踏入社会的年轻人来说,生活是全新的,如何处理与同事的关系,面临机遇时该如何抉择,如何面对事业上的挫折,等等,都是新的课题,如果处理不好,就会给自己的前途造成很多麻烦。在这个时候,如果有一位过来人,一位年长的智者,给你提供帮助和指导,告诉你前人的经验和教训,你就会妥善地处理好这些问题,从而使自己的事业一帆风顺。"不因渔父引,怎得见波涛",说的就是这方面的道理。因为渔父长年在江湖上打鱼,见识过无数的惊涛骇浪,有他的指引,你就能看见平时见不到的风景,也能顺利地渡过重重恶浪险滩。

二是轻易不要去求人,因为"无求到处人情好";反之,一旦有求,人情就会变味。俗话说,有求皆苦。同事之间,朋友之间,聚在一起,聊聊时事,谈谈家常,轻松自在,其乐融融。这个时候,你突然开口向对方借钱,而且数目还不小;或者你突然求对方帮忙,而且处理起来还很麻烦,你就极有可能碰钉子,给融洽的同事、朋友或亲戚关系蒙上阴影,也会给自己的自尊心带来很大的伤害。因此,奉劝世人,除非山穷水尽,万不得已,千万不要轻易求人。在当今的某些地方,办事凭关系,有事找熟人,似乎已经成了一种风气,于是,一些有权有势的人,便盛气凌人,不可一世。然而,"不饮从他酒价高",酒价再高,我不喝酒,多贵的酒都与我无关;同样,你的权势再大,我不求你,再大的官也与我无关。只有这样,才能培养自尊自爱、自强不息的精神素质。

三是凡事均有正反两面,知道的事情多,认识的熟人多,这固然是好事,因为这意味着你的关系广,能力强。但是,按照《增广贤文》的说法,知道的事情少,也并非不好,因为"知事少时烦恼少";认识的人多,也并非好事,因为"识人多处是非多"。所以,关键要看你从哪个角度去认识。不过,需要说明的是,上述观点只是饱经沧桑的人发出的感慨,并不是真的希望大家知道的事和认识的人越少越好,作为一个世俗之人,要想获得更多的财富,享受更好的生活,还是懂得越多、人脉越广越好。当然,对于一个修道之人来说,则又另当别论。因为修道之人需要排除各种世俗的知见,无思无欲,进入虚极静笃的状态,从而达到与道合一的境界。如《老子》第四十七章中说:"其出弥远,其知弥少";第四十八章中说:"为学日益,为道日损"。说明对道的体悟需要通过减少甚至摒除对事物的认识才能达到。因此,就此而言,"知事少时烦恼少,识人多处是非多",是一个智者对世事的深刻体悟,并非从一个得道者的角度来说的。

四是生活中那些两面三刀的人是最可怕的,甚至比山中会吃人的老虎还要可怕。因为老虎会吃人,这是人人都知道的,因此,进入深山时,你可以提前预防,或见到老虎时,你可以赶紧避开;而那些两面三刀的人则不同,他们当面一套,背后一套,在你面前装得跟你十分亲热,似乎事事都在为你着想,可是一转过脸去,就在那里使坏,甚至想方设法置你于死地,让你防不胜防。故《增广贤文》说:"入山不怕伤人虎,只怕人情两面刀。"有一个成语叫作"笑里藏刀",说的就是此类两面三刀的人。据《新唐书·李义府传》载,李义府在唐高宗时任中书侍郎,为人外表柔顺恭敬,与人说话时总是满面笑容,但只要有谁不小心违逆了他,他必会想方设法加以迫害。所以当时的人都称他为"李猫""笑中刀"。试想一下,这样的人是不是比山中的老虎还要可怕呢?

55 强中更有强中手①，恶人须用②恶人磨③。会使④不在⑤家豪富⑥，风流⑦不用着(zhuó)衣⑧多。光阴⑨似箭，日月如梭⑩。天时⑪不如地利⑫，地利不如人和⑬。

【译文】

本领高强的人中还有本领更高强的人，恶人一定要用别的恶人来折磨。善于使用财物的人不一定非要家里有钱有势，风雅潇洒的人用不着穿很多好看的衣服。时间像箭一样飞逝，日月像穿梭似地来去。气候条件好不如拥有地理优势，拥有地理优势不如人心团结。

【注释】

①手：指居于某种地位的人。 ②须用：一定要。 ③磨：折磨。 ④会使：指善于使用金钱、物品等。 ⑤在：决定于；取决于。 ⑥豪富：指有钱有势。 ⑦风流：洒脱放逸；风雅潇洒。 ⑧着衣：穿衣。 ⑨光阴：时间。 ⑩日月如梭：太阳和月亮像穿梭似地来去，形容时间过得很快。梭：织布机上用来牵引纬线的工具，形状像枣核。 ⑪天时：适合做某事的自然气候条件。 ⑫地利：地理优势。 ⑬人和：指人心归向，上下团结。

【解读】

本段文字主要包含以下四层意思。

一是天外有天，人外有人，学无止境。一个人有高强的本领，总会出现比他本领更为高强的人，正如体育竞技场上的世界纪录总是被不断打破、刷新。因此，人永远不要骄傲自满，永远不要以为自己比别人强，否则，一旦碰到比你更强的人，你就会十分难堪。同样，有些恶人不可一世，以为没有人敢惹他，但是总有一天，会碰到一个比他更恶的人来折磨他。有一个成语叫作"请君入瓮"，说的就是用恶人折磨恶人的故事。据《资治通鉴·唐纪·则天后天授二年》载，周兴和来俊臣都是武则天信任的酷吏，有人状告周兴与丘神勣一起谋反，武则天命来俊臣处理此事。来俊臣设宴招待周兴，席间，来俊臣问周兴有什么好办法可以让囚犯痛快地交代自己的罪行，周兴回答说："此甚易耳！取大瓮，以炭四周炙之，令囚入中，何事不承？"俊臣乃索大瓮，火围如兴法,因起谓兴曰:"有内状推兄,请兄入此瓮。"兴惶恐叩头服罪。因此,周兴是"恶人",来俊臣则正是来折磨他这个"恶人"的"恶人"。

二是日子过得是否宽裕,并不在于家里拥有多少财富,关键在于会不会合理安排;一个人是否风流潇洒,并不在于衣服穿得多么华丽,关键在于其内在的修养,此即所谓"会使不在家豪富,风流不用着衣多"。因此,即使是一个小户人家,只要主人懂得精打细算,照样能衣食无忧。即使是一个普通人家的子弟,只要才学出众,胸藏锦绣,即使穿着粗布衣服,照样可以给人风流潇洒的感觉;相反,一个不学无术的纨绔子弟,即使穿金戴银,满身绫罗,也会让人感觉充满铜臭,俗不可耐。

三是时光飞逝,人生短暂,一定要抓紧时间刻苦学习,努力奋斗,使生命的价值最大化。"光阴似箭,日月如梭",是用箭的飞行和织布时梭子来去的快速来形容时光流逝之迅捷。与此相似,孔子则用奔腾的河流来比喻时光的流逝,《论语·子罕》中说:"子在川上,曰:'逝者如斯夫!不舍昼夜。'"意思是:孔子站在河岸上,说:"时光逝去就像这奔腾的河流一样啊!日夜不停。"人生过于短暂,让人感到万般无奈,亦带给人无限的感慨。类似的意思在前面亦有表述,如第32段中说:"人生一世,草生一春。白发不随老人去,看来又是白头翁。"

四是人的活动虽然受到气候、地理环境等条件的制约,但是,真正能起决定作用的还是人的因素;只要人与人之间和睦团结,就能克服气候条件、地理环境对人的不利影响,此即"天时不如地利,地利不如人和"的含义。"天时不如地利,地利不如人和"两句出自《孟子·公孙丑下》,为了说明其中的道理,孟子举例说,譬如有一座小城,敌人围攻它而不能把它攻下。在长期的围攻中,一定会有好的气候条件出现,却不能攻破,这就说明得天时不如占地利。又譬如有另一座城,城墙不是不高,护城河不是不深,兵器不是不好,粮食不是不多,但是敌人一来进攻,守城者便弃城而逃,这说明占地利不如得人和。孟子的这一说法是很有道理的。一个国家要真正强大,要在与敌人的较量中最终取胜,先进的武器、优越的后勤保障固然重要,但关键还在于能否使国人万众一心,众志成城。否则,如果在敌人的进攻面前,一个个临阵脱逃,或不战而降,则再先进的军事装备都会毫无作用,改变不了国破家亡的命运。

周興來俊臣

▲"恶人须用恶人磨",说明作恶之人或可得志于一时,但他迟早会碰上比他更恶的人来折磨他。周兴和来俊臣都是唐朝武则天时的酷吏,不知残害过多少人。一次,有人告周兴谋反,武则天派来俊臣来处理此事。来俊臣见到周兴后,先不说明来意,只是问周兴如何才能让罪犯痛快地交代自己的罪行。周兴说这很容易,取一个大瓮,用炭把大瓮烧烤,让罪犯进入瓮中,没有人会不招认的。来俊臣便如法炮制,然后让周兴进入瓮中,周兴只好乖乖招认。这便是成语"请君入瓮"的来历。此为《清刻历代画像传》中的"周兴来俊臣"图,描绘了来俊臣让周兴进入瓮中的情形。

56 黄金未为①贵,安乐值钱多。世上万般②皆下品③,思量④唯有读书高。世间好语书说尽,天下名山僧⑤占多。为善最乐,为恶难逃。

【译文】

黄金并不是最贵重的,安康快乐要更为值钱。世上各种各样的行业都属于下等,想来只有读书才是最高等的。人世间的好话都已写在书上了,天下著名的大山大多被僧人占有了。做善事是最令人快乐的,做恶事则难逃惩罚。

【注释】

①未为:不是。 ②万般:各种各样。 ③下品:下等。泛指质量或等级最低的。 ④思量:考虑。 ⑤僧:和尚;出家修行的男性佛教徒。

【解读】

本段文字主要包含以下三层意思。

一是平安快乐是最宝贵的,它比黄金要贵重得多。这其实是在身体健康和金钱之间作出取舍。人生活在世间,最重要的目标就是追求幸福,幸福通常需要以金钱为基础,因为对于普通人来说,如果没有一定的物质基础,是很难享受到真正的幸福的,所谓"贫贱夫妻百事哀",说的就是这个道理。既然金钱对幸福如此重要,那就义无反顾地去挣钱吧,起早贪黑,不顾疲劳,为了挣钱不惜付出一切代价。然而,等到有一天你一病不起,这个时候,你便会恍然大悟:钱财乃身外之物,身体才是根本,没有了身体,金山银山都没有任何意义。所以,"黄金未为贵,安乐值钱多",这是作者看透世事世情后作出的总结。

那么,既然身体如此重要,是不是意味着为了保养身体,就不要去挣钱了呢?也不是的,这只是让你在健康和金钱两者之间作一个合理的安排,在保证身体健康的前提下去追求物质财富,而不是为了物质财富不惜牺牲健康,即所谓的"要钱不要命"。

其实,在如何对待身体和财富的问题上,《老子》第四十四章中已有深刻的揭示:"名与身孰亲?身与货孰多?得与亡孰病?甚爱必大费,多藏必厚亡。故知足不辱,知止不殆,可以长久。"在这段话中,老子首先向人们发问:名声与生命,哪一个更亲近?生命与财物,哪一个更重要?得到财物与失去生命,哪一个害处更大?答案当然是十分明显的：没有生命，什么名声、财物，一切都无从谈起。接着，老子向我们揭示了生活中的客观真理："甚爱必大费，多藏必厚亡"，过分爱惜一定会造成巨大的耗费，储藏过多一定会造成很多的亡失。因此，老子最后得出结论："知足不辱，知止不殆，可以长久"，只有知道满足而不贪求，知道适可而止，才能不受侮辱，避免危险，从而得以长久存在。

二是在世上的所有行业中，最好的行业就是读书。这种说法是很有道理的，在中国古代，读书人可以参加科举考试，只要考中了，就可以从落难书生变成天之骄子，享受荣华富贵。所以古人说：书中自有黄金屋，书中自有颜如玉。即只要把书读好，你就可以居住在黄金打造的屋子里，娶美貌的妻子与你一起过快活的日子。在现代社会，读书则显得更加重要，因为人类的一切思想文化、发明创造、谋生技能等都记载在书籍中，你只有通过认真读书，才能明白做人的道理，掌握生存的本领，在严酷的社会竞争中立于不败之地。否则，你便极有可能成为社会淘汰的对象。

"世上万般皆下品，思量唯有读书高"的说法出自宋代汪洙（zhū）的《神童诗》："天子重英豪，文章教尔曹。万般皆下品，唯有读书高。"把读书之所以有价值与"天子重英豪"即皇帝对读书重视相联系，这在古代社会是很有道理的。

三是要做善事，不要做恶事，因为做善事会使人感到快乐，做恶事则会受到惩罚。这一道理前面多有论及，在此就不展开说明了。

57 羊有跪乳之恩①，鸦有反哺之义②。你急他未急，人闲心不闲。隐恶扬善③，执④其两端⑤。妻贤⑥夫祸少，子孝父心宽⑦。

【译文】

羊羔跪着吃奶以报答母羊的恩情，雏乌长大后有衔食喂母的情义。你很着急，他却没有着急；人虽然闲着不做事，心里却并不闲着。隐瞒他人的过恶，宣扬他人的好处，把握好事物的两个极端。妻子贤惠，丈夫的灾祸就少；儿子孝顺，父亲就放心。

【注释】

①羊有跪乳之恩：指羊羔跪着吃奶以报答母羊的恩情。　②鸦有反哺之义：指雏乌长大后有衔食喂母的情义。哺：喂食。义：情义，亲属、同志、朋友等相互间应有的感情。　③隐恶扬善：隐瞒他人的过恶，宣扬他人的好处。　④执：把握；把持。　⑤两端：指事物的两头、两个极端。　⑥贤：有品德或才能。　⑦心宽：宽心；放心。

【解读】

本段文字主要包含以下三层意思。

一是人对父母要有报恩之心。作者以羊羔跪着吃奶和乌鸦衔食喂母的行为为例，来说明连羊和乌鸦都知道报答母亲的养育之恩，作为人，怎么可以连禽兽都不如呢？羊羔"跪乳"，乌鸦"反哺"，这是存在于自然界中的特殊现象，古人认为这是"知礼"之举，这当然有牵强附会的成分，但是以此来告诫人们对自己的父母要有报恩之心还是有积极意义的。

二是做人要与人为善，尽量隐瞒他人不好的地方，而宣扬他人好的地方。清末名臣曾国藩曾经说过，对于小人，你不要直接斥之为小人，这样他就会以小人自居，做出各种无赖之事来；相反，如果你表扬他身上的优点，他就会以正人自居，不敢行无赖之举。因此，如果我们在日常生活中为他人隐恶扬善，为做过坏事的人留些脸面，而去鼓励他积德行善，这样生活中的善行就会越来越多，而恶行则会越来越少。《老子》第四十九章中也说："善者，吾善之；不善者，吾亦善之，德善。"意即善良的人，我善待他；不善良的人，我也善待他，从而使人人都得到了善。说的也是类似的意思。

　　"隐恶扬善,执其两端"的说法出自《中庸》:"子曰:'舜其大知也与? 舜好问而好察迩(ěr)言,隐恶而扬善,执其两端,用其中于民。'"意思是:孔子说:"舜是一位高明的智者吧? 舜喜欢询问别人而又总是仔细地听取浅近的言论。隐藏其中不正确的东西,宣扬其中正确的东西,掌握其中正确和错误两个极端,而把其中最恰当的运用到民众中去。"因此,这里说的其实是中庸之道,即要把握事物中最恰当的度,而不要走极端,因为"过犹不及",过和不及都是不好的。

　　三是强调了妻贤子孝的重要性。对于一家之长来说,妻子和子女是他最亲近的人,也是对他影响最大的人。如果妻子不贤惠,子女不孝顺,家庭关系就会混乱,家长就会有处理不完的麻烦事。当前中国社会一些官员贪污腐化,其中重要的原因,就是他们的妻子不贤惠,贪财好利,使丈夫违心地去做违法犯罪之事;还有就是子女不孝顺,不能体谅父亲的苦衷,只求自己风光,只图眼前享受,横行不法,"坑爹"不已,最后陷父亲于不仁不义之境。《论语·学而》中说:"有子曰:'其为人也孝弟,而好犯上者,鲜矣;不好犯上,而好作乱者,未之有也。……'"意即如果一个人能孝顺父母,尊敬兄长,是不可能去做犯上作乱之事的。为什么这么说呢? 因为犯上作乱就会牵连父母,一个懂得孝顺父母的人,怎么会去做此等忤逆之事呢? 所以说"子孝父心宽",只要是孝顺的儿子,便不可能去做出格之事,故父亲对这样的儿子大可放心信任。

　　本段文字中的"你急他未急,人闲心不闲"两句,互相之间并无内在的关联,而是分别说明了两种道理。一种是求人不如求己,自己的事情要靠自己去解决和完成,因为"你急他未急",当急难之事落到你头上的时候,你会心急如焚,但他人却往往很难感同身受,每个人都有自己的事情,你不能要求他人与你一样着急。一种是人的欲望是无穷的,因此人心总是充满各种各样的思虑,即使在你什么事情都不做的时候,心也不会闲着,此即所谓"人闲心不闲"。不过需要说明的是,"人闲心不闲",这并不是一种值得提倡的状态,因为大部分时候,此不闲之心都是在胡思乱想,而且这些胡思乱想的内容,常常会使你忧愁、烦恼,甚至痛苦不堪,用一个时髦的说法,这就是"精神内耗"。因此,除了日常生活、工作中必要的思考、应对,尽量让自己的心闲下来,让精神处于放松、休息的状态,不仅会使你减少烦恼,还能收到延年益寿之功效。

58 既①堕②釜③甑(zèng)④,反顾⑤无益。已覆⑥之水,收之实难。人生知足⑦何时足,人老偷闲⑧且⑨是闲。但有绿杨堪⑩系马,处处有路透⑪长安⑫。

【译文】

已经落地摔破的釜甑,再回头去看它已经没有什么用处。已经倒出去的水,很难再把它收回来。人生要知道满足,可是什么时候能满足呢;人老了,能闲着就闲着吧。只要有绿杨能用来拴马,到处都有通过长安的道路。

【注释】

①既:已经。 ②堕:落;掉。 ③釜:古代的一种炊事用具,相当于现在的锅。 ④甑:古代蒸食物用的瓦制炊具。 ⑤反顾:回头看。 ⑥已覆:已经倒出。已:有的本子作"翻"。 ⑦知足:知道满足。足:满足;满意。 ⑧偷闲:偷懒;闲着。有的本子作"为闲"。 ⑨且:姑且;暂且。 ⑩堪:可以;能。 ⑪透:通过;穿过。 ⑫长安:中国古都之一,在今陕西西安市附近。后通常称国都为长安。

【解读】

本段文字主要包含以下三层意思。

一是对于已成事实之事,就不要再去白费功夫。"既堕釜甑,反顾无益"的说法出自《后汉书·郭太传附孟敏》:"(敏)客居太原,荷甑堕地,不顾而去。郭林宗(太)见而问其意。对曰:'甑已破矣,视之何益?'"东汉时,孟敏旅居太原,曾经拿着一个甑外出,不小心把甑掉到地上摔破了,孟敏连看都不看一眼,继续往前走。郭林宗看见后,问他为什么要这么做。孟敏回答说:"甑已经破了,再看它还有什么用?"后用"堕甑"比喻事已过去,不必介意。

"已覆之水,收之实难"即成语"覆水难收",所说意思与上述类似。在前面第30段中有"成事莫说,覆水难收"两句,说的也是同样的意思,可参见第30段的"解读"。

二是人似乎永远没有知足的时候,所以在人老了以后,一定要做到能闲着就尽量闲着。虽然人人都知道知足常乐,但是因为人的欲望是没有止境的,所以真正能够知足的人少之又少。人不知足,就会有追求,从而使自己的生活处于辛苦忙碌之中。然而冷静下来想想,这样忙碌一生，又有多少意义呢？所以人老了以后，不妨设法"偷闲"，以享受人生。

　　三是只要懂得借助或利用某些外部条件，就总会有办法实现自己的目标。长安虽远，但是我可以骑着马去；因路途遥远，便需中途休息，但只要路上有可用来拴马的绿杨，我便可以把马拴在树上，在树下休息；这样一边休息，一边赶路，便迟早会到达长安。因此，世上无难事，只怕有心人，当你去做某项艰难之事的时候，只要你能开动脑筋，把一切可以利用的力量、条件充分利用起来，你便肯定会有获得成功的一天。

59 见者易，学者难。莫将①容易得，便作等闲②看。用心计较③般般④错，退步⑤思量⑥事事难⑦。道路各别⑧，养家一般⑨。

【译文】

看上去容易，学起来却很难。不要把容易得到的，便看得很平常。花心思去计较就会觉得每件事都处理错了，退后一步考虑便会发现其实所有事情都很难。所走的道路各有不同，但是养家糊口的目的是相同的。

【注释】

①将：把。 ②等闲：平常。 ③计较：打算；计议。 ④般般：种种；样样；件件。 ⑤退步：向后走；后退。 ⑥思量：考虑。 ⑦难：有的本子作"宽"。 ⑧各别：各不一样。 ⑨一般：一样；同样。

【解读】

本段文字主要包含以下三层意思。

一是评价某项技能或知识是简单还是复杂，学起来是容易还是困难，不能只看表面现象，而是必须亲自去尝试学习一番。在现实生活中，当我们发现某人写得一手好字，或能画出栩栩如生的肖像，或能弹奏出一支优美的钢琴曲，虽然也会感到佩服，但总觉得只要自己花些功夫，也会有跟他一样的水平。但是，当你真正切实去做的时候，便会发现，自己想得无疑是太简单了，因为如果没有持之以恒的决心，没有百折不挠的顽强意志，甚至没有一定的天赋，你还真的很难达到对方那样的水平。因此，"台上一分钟，台下十年功"，许多精湛的技艺和卓越的技能都是用辛勤的努力和无数的汗水换来的，我们切不可等闲视之。

二是不要因为有的东西得来容易就不加珍惜。人们通常会对来之不易的东西十分珍惜，比如好不容易争得的出国机会，费尽心力追到的恋人，省吃俭用买来的房子，等等。而对容易得到的东西便会不加珍惜，如遍地的泥土，满山的石头，随处可见的草木，等等。然而，有的东西虽然容易得到，我们却不能不珍惜，比如父母的关爱，兄弟间的友情，还有空气、水这些自然资源，等等。所以《增广贤文》说："莫将容易得，便作等闲看。"这实际上是提醒人们：容易得到的东西并不代表没有价值,相反,它们极有可能是无价之宝。

三是对人对事不要过于苛求,而要有同情包容之心。俗话说"人无完人,金无足赤",每一个人,如果你对他吹毛求疵,总会发现他身上存在一些毛病;每一件事,如果你细细考察其全过程,总能发现其中存在一些瑕疵,有需要进一步改进的地方。这就是所谓的"用心计较般般错"。相反,如果你在评价一个人或一件事的时候,不是那么苛刻,而是从平常心的角度,甚至从体谅理解的角度,你就会发现为人处事其实是很难的,要做到完美无缺,除非是圣人、神仙。这样,你便会降低评价的标准,而能以较为客观务实的态度对人对事。如岳飞是大家公认的民族英雄,然而,近年来学界有一种观点,认为岳飞最后被秦桧害死,与他自身存在的一些缺陷有关:如他"妄议"皇位继承之事,犯了宋高宗的大忌;如他坚持要把宋徽宗和宋钦宗从金人手中迎回来,显得十分幼稚,因为这样会使宋高宗处于十分尴尬的境地:届时是自己继续做皇帝,还是把皇位让给自己的父亲?……这样不断地挑剔下去,似乎岳飞之死完全是咎由自取。这当然是极其错误的观点,岳飞确实有他为人处事不够周全的地方,但瑕不掩瑜,无损于他作为民族英雄的高大形象。因此,对于岳飞的正确评价,需要我们"退步思量",而不能一味"用心计较",无端苛求。

本段的最后两句"道路各别,养家一般",则是说明虽然人们从事的职业各不相同,采取的方法千差万别,但最终的目的是一样的,即都是为了养家糊口。这无疑是对芸芸众生日常生活的真实写照。

60 从俭①入②奢③易,从奢入俭难。知音④说与知音听,不是知音莫与谈⑤。点石化为金⑥,人心犹⑦未足。信⑧了肚,卖了屋。他人觊(xiàn)觊⑨不涉⑩你目,他人碌碌⑪不涉你足。

【译文】

从节俭到奢侈很容易,从奢侈到节俭就很难。知心的话要说给真正了解自己的人听,不是真正了解自己的人就不要跟他说知心话。即使能把石头点化为金子,人心仍然不会知足。满足了肚子的欲望,结果卖掉了房子。别人在那里偷偷地看,与你的眼睛无关;别人在那里忙忙碌碌,与你的脚无关。

【注释】

①俭:节省;不浪费。 ②入:到;至。 ③奢:奢侈,挥霍财物,过分追求享受。 ④知音:指真正了解自己的人。 ⑤谈:有的本子作"弹"。 ⑥点石化为金:传说仙人用手指一点石头就可以变成金子,后比喻把不好的或平凡的事物改变成很好的事物。 ⑦犹:还;仍。 ⑧信:听任。 ⑨觊觊:怯懦、不敢正视的样子。有的本子作"观花"。 ⑩涉:涉及;关联。 ⑪碌碌:繁忙劳苦的样子。

【解读】

本段文字主要包含以下四层意思。

一是生活上不要奢侈浪费,要坚持勤俭节约。为什么呢?除了节俭是一种传统美德,还因为如果你不能保持节俭,一旦习惯了奢侈浪费的生活,就很难再做到节俭了,此即所谓的"从俭入奢易,从奢入俭难"。这两句出自宋代司马光的《训俭示康》:"顾人之常情,由俭入奢易,由奢入俭难。"一个过惯了苦日子的人,你让他享受荣华富贵,他很快就能适应;但是,一个享受惯了荣华富贵的人,你让他去过苦日子,他就会痛苦之极。然而,每个人都无法确保自己一辈子都能享受荣华富贵,所以,最可靠的做法,还是始终保持节俭的习惯。

二是知心话要说给知音听,不是知音就不要跟他说知心话。因为跟不是知音的人说知心话,会有两种可能:一种是他根本不理解你在说什么,你费心说了半天,等于白说;一种是他会把你跟他说的心里话四处传播，弄得满城风雨，让你十分尴尬难堪。《论语·卫灵公》中载："子曰：'可与言而不与之言，失人；不可与言而与之言，失言。'"意思是：孔子说："可以跟他讲而不跟他讲，这是错失了能给自己带来帮助的人；不可以跟他讲而跟他讲，就是说了不该说的话。"换句话说，就是遇到知音而不跟他说真心话，会失去知音；不是知音而跟他讲真心话，这是说了不该说的话。这一原则，可以作为我们日常生活中的座右铭。

这里的"知音"意为真正了解自己的人。"知音"的说法出自《吕氏春秋·本味》："（俞）伯牙鼓琴，钟子期听之，方鼓琴而志在泰山，钟子期曰：'善哉乎鼓琴，巍巍乎若太山！'少选之间，而志在流水，钟子期又曰：'善哉乎鼓琴，汤汤乎若流水！'钟子期死，伯牙破琴绝弦，终身不复鼓琴，以为世无足复为鼓琴者。"钟子期听俞伯牙弹琴，俞伯牙刚刚弹奏表现志在泰山，钟子期就说如同泰山一样巍峨；俞伯牙弹奏表现志在流水，钟子期就说如同流水一样浩大。钟子期死后，俞伯牙摔破了琴折断了弦，终身不再弹琴，认为世上再也没有值得为他弹琴的人。后世遂以"知音"比喻知己、同志。

三是人的欲望是无穷的，人心没有知足的时候，即使你有点石成金的本领，你还是会感到不满足。翻看中国历史，我们常常可以发现，有这样一些人，他们已经位高权重，甚至已经是一人之下、万人之上的权臣了，却仍然要想方设法推翻最高统治者，自己取而代之，如西汉末年的王莽、东汉末年的董卓、三国时的司马昭等，都是人心不知足的典型例子，故《增广贤文》第58段中说："人心知足何时足"。"信了肚，卖了屋"，则是用具体的例子来说明人心不知足，因为肚子总是想吃好东西，熊掌鲍鱼，飞禽走兽，这些都是肚子最想吃的，如果你想彻底满足肚子的欲望，那么，即使你把居住的房子卖了，也无济于事。

四是人要专心于自己正在做的事情，不要受别人的影响。"他人睍睍""他人碌碌"，这都是别人的事，与你无关。不过，此话说起来容易，要真正做到却也极为不易。因为人都有从众的心理，当看到别人当官很风光，你也会想着去当官；当看到有钱人活得潇洒自在，你也会想着要去挣大钱；……然而，每个人所处的地位、所拥有的条件各不相同，决定了你可能很难升官，也很难发财。所以，聪明人往往是独辟蹊径，根据自身的特长和条件确立奋斗的目标。而且，一旦目标确立以后，就持之以恒，不为外力所动，这样才能最终取得成功。

61 谁人①不爱②子孙贤③，谁人不爱千钟④粟，奈⑤五行⑥不是这般⑦题目⑧。莫把真心空计较⑨，儿孙自有儿孙福。与人不和，劝人养鹅；与人不睦，劝人架屋⑩。但⑪行⑫好事，莫问前程。

【译文】

谁不喜欢自己的子孙贤能，谁不喜欢优厚的俸禄，无奈命运中没有这些东西。不要把自己的一片真心空自打算，儿孙自然有他们自己的福气。有人与他人不和睦，就劝他去养鹅；有人与他人关系不好，就劝他去造房子。只管一心去做好事，不要考虑前途如何。

【注释】

①谁人：谁；什么人。　②爱：喜欢；爱好。　③贤：有品德或才能。　④千钟：指优厚的俸禄。钟：古代容量单位。　⑤奈：无奈；怎奈。　⑥五行：指命运。我国古代星相家运用金、木、水、火、土五种基本元素间的相生相克来推算人一生的命运，故称。　⑦这般：这样。　⑧题目：指迷信所说的命相。　⑨计较：打算；计议。　⑩架屋：造房子。架：构筑。　⑪但：只。　⑫行：做；办。

【解读】

本段文字主要包含以下三层意思。

一是人人都希望享受荣华富贵，人人都希望子孙有出息，但这些都是命中注定的，人力无法改变。这种思想，在前面多有表述，如第49段中说："死生有命，富贵在天。"这当然是一种消极的人生观，可参看该段的"解读"。

二是作为家长，不要过多地为儿孙的前途操心，因为"儿孙自有儿孙福"，考虑得再多也没有用。这种观点，在第32段中也有类似的表述："儿孙自有儿孙福，莫为儿孙作马牛。"可参看该段的"解读"。

三是要设法去做与人为善的事情。比如有人与别人有矛盾，就劝他去养鹅；有人与别人关系不好，就劝他去建房子。之所以要劝与他人不和的人去养鹅，是因为鹅极具攻击性，只要有人从它的面前经过，它就会去撵、去啄，作为鹅的主人，便只好去向被撵、被啄的人道歉、赔不是,这样便会养成他谦和、讲理的习惯,从而慢慢地便会改善与他人的关系。之所以要劝与他人关系不好的人去建房子,是因为从前建房子通常会请朋友、邻里帮忙,因此通过建房子,可以让与他人关系不好的人认识到关系和睦的重要性。而且,《增广贤文》还指出"但行好事,莫问前程",即上述与人为善的事你只要去做就行,不要去管这样做对自己有什么好处。当然,根据《增广贤文》提倡的善有善报,恶有恶报的价值观,你的上述行为肯定会为你带来福报。

　　这里需要指出的是,"与人不和,劝人养鹅"两句在意思上较为令人费解,学者们在解释上亦是众说纷纭,如有的说,因为鹅群中的鹅吵闹会使你感到吵闹是一件多么令人头疼的事,因此当你养了鹅以后,就不会再与他人发生矛盾了;有的说,因为鹅既是家禽,还是看门之物,有吉祥之义,所以要劝人去养鹅。笔者认为,这样的解释都显得十分牵强,故在此以日常生活为依据,提出了一种与众不同的解释,当然,不敢说这样的解释就是确解。

62 河狭水急①,人急②计③生。明知山有虎,莫向虎山行。路不行不到,事不为④不成。人不劝⑤不善,钟不打不鸣⑥。

【译文】

河道狭窄水流就湍急,人在紧急时会想出好的主意。明明知道山中有老虎,就不要再去有虎的山中行走。路不去走就不会到某个目的地,事情不去做就不可能成功。人不经劝勉就不会善良,钟不去敲它就不会发出声音。

【注释】

①急:快速而且猛烈。有的本子作"激";有的本子作"紧"。有的本子在"河狭水急"前有"不交僧道,便是好人"两句。 ②急:紧急;急迫。 ③计:策略;主意。 ④为:做。 ⑤劝:劝导;劝勉。 ⑥鸣:发出声音。

【解读】

本段文字主要包含以下三层意思。

一是人在面临紧急情况时容易想出好的主意。人的大脑多少有些惰性,往往喜欢想简单而轻松的事情,而不喜欢想复杂的问题。但是,人的大脑又是一个富于潜在创造力的智库,这种潜在的创造力必须在某种力量或外部环境的刺激下才能发挥出来,比如当你用意志强迫它去思考时,或在面临某种必须应对的紧急状况时。有一个成语叫"急中生智",与"人急计生"的意思相同,指的都是人在紧急情况下能想出好的应对办法。当然,所谓"人急计生",并不是纯粹的无中生有,也不是人人在面临紧急情况时都能想出好主意,只有平时注重知识和经验的积累,又有良好的心理素质的人,才有可能急中生智,有不少人则是面对急难,智计全无。

二是人必须按理智行事。如老虎会吃人,因此,当你知道山中有老虎时,就不要再去有虎的山中行走了,否则会白白送掉性命。然而,这只是问题的一个方面,因为在这个问题上,人们熟悉而且影响更大的还有另外几句话:"明知山有虎,偏向虎山行","不入虎穴,焉得虎子"。人是有创造性的动物,人是在不断与自然环境、与各种凶猛的野生动物的斗争中一路走来的,因此,有时虽然前面有危险,但是为了达到某种目的,人还是需要去主动应对这种危险。

三是事在人为,人应该为了达到某种理想或目标而积极奋斗。因为正如"路不行不到""钟不打不鸣""人不劝不善",任何事情都是靠人的努力做出来的,既然如此,那么当你发现有更好的目标值得追求、更好的理想需要去实现时,便应倾尽全力去完成它。战国时期,赵国国君赵武灵王在与北部游牧民族的战争中,发现游牧民族骑在马上打仗,服装轻便,与中原民族依靠马车或步兵作战、战士身披重甲相比,有很大的优势,于是决定实行胡服骑射的国策。然而,当时的中原民族以先进民族自居,看不起少数民族,让他们放弃中原民族的习惯,去向少数民族学习,这在当时人看来是极其荒唐的事情。因此,赵武灵王的建议一提出,立即招来众人的一致反对。但是赵武灵王并不气馁,他找来那些王公大臣,一个一个地做说服工作,耐心细致地向他们摆事实,讲道理,终于说服了国人,同时也使赵国成为当时实力雄厚的国家。因此,正是赵武灵王能面对现实,积极努力,不向现实妥协,才最终实现了自己的目标。

63 无钱方①断酒②,临老始看经③。点塔七层④,不如暗处一灯。万事劝人休⑤瞒昧⑥,举头三尺有神明⑦。但⑧存方寸地⑨,留与子孙耕。灭却⑩心头火⑪,剔⑫起佛前灯。惺惺⑬常不足⑭,蒙蒙⑮作公卿⑯。众星朗朗⑰,不如孤月独明。兄弟相害,不如友生⑱。

增广贤文

【译文】

没有钱了才戒酒,到年纪老了才开始读宗教经典。把七层高的佛塔都点上灯,还不如在黑暗的地方点上一盏灯。奉劝人们在所有事情上都不要隐瞒欺骗,因为抬起头来三尺高的地方就有神灵。只求保存一片小小的土地,能留给子孙耕种。消除心头的火气,挑亮佛像前的灯光。聪明机灵的人常常不得志,愚昧无能的人却能当高官。天上繁星闪烁,光亮比不上一轮明月。兄弟之间如果互相伤害,那还不如朋友关系。

【注释】

①方:才。　②断酒:戒酒。　③看经:阅读经典。经:经典,这里主要指佛、道等宗教典籍。　④点塔七层:指把七层高的佛塔都点上灯。　⑤休:不要。　⑥瞒昧:隐瞒欺骗。　⑦神明:天地间一切神灵的总称。　⑧但:只。　⑨方寸地:很小的一片土地。一说指心。方寸:一寸见方。比喻不大、很小。　⑩灭却:熄掉;消除。　⑪火:指怒气。也指强烈的欲望。　⑫剔:挑出;挑亮。　⑬惺惺:聪明机灵。　⑭不足:指不如意、不得志。一说指不多;一说指不满足。　⑮蒙蒙:蒙昧;昏昧。有的本子作"懞懞";有的本子作"憎憎"。　⑯公卿:泛指高官。　⑰朗朗:形容明亮。　⑱友生:朋友。

【解读】

本段文字主要包含以下八层意思。

一是做事情要有前瞻性,不要事到临头才采取措施。酷爱喝酒的人常常把大量的金钱花在喝酒上,等到某一天把钱花光了,这才想到要戒酒,就为时已晚了,因为这时你不仅再也没有钱来买酒,连吃饭穿衣的钱都没有了。同样,学习经典也要趁早,这样经典中说的道理

143

才能更好地指导你的生活；如果你一直等到年老时才来读经典，你就会感到极其后悔，想到自己要是早读这些经典就好了，就不会走如此多的弯路了。

二是锦上添花不如雪中送炭。把七层高的佛塔都点上灯，灯火辉煌，固然十分好看，但不如在黑暗的地方点上一盏灯供人们照明。此话当然很有道理，但是世人更愿意做的却往往是锦上添花之事，因为此类事情能给他们带来明显的好处。而像在暗处点上一盏灯那样的事，虽然对他人极为有用，但不会给自己带来什么好处，所以许多人都不愿意去做。但是我们必须知道，不愿雪中送炭，只愿锦上添花，这样的做法是明显错误的，如《老子》第七十七章中即说："天之道，损有余而补不足；人之道则不然，损不足以奉有余。"即自然的规律是减少多余的弥补不足的，世俗之人的规则则是减少不足的去供给有余的。可见在老子看来，世俗之人的做法是违背天道的。

三是做事情要光明正大，不要耍阴谋诡计，不要做隐瞒欺骗之事。为什么呢？因为"举头三尺有神明"，抬起头来三尺高的地方就有神灵在监视着你。这是借助神灵的力量来劝人不要做坏事：因为到处都有神灵在监视着你，所以即使在没有旁人知道的情况下，在暗室之中，也不要去做坏事。这当然是一种迷信的观念，但其出发点是很好的，在中国古代社会起到的效果也不错。

四是强调了土地对于人们生存、生活以及对于家族繁衍的重要性。古代中国作为一个农业大国，土地有着极其重要的地位，一个家庭，只要有可供全家解决温饱的土地，便可生生不息，繁衍不绝。故《孟子·梁惠王上》中说："五亩之宅，树之以桑，五十者可以衣帛矣。鸡豚(tún)狗彘(zhì)之畜，无失其时，七十者可以食肉矣。百亩之田，勿夺其时，数口之家可以无饥矣。"意即五亩大的宅田中，种上桑树，五十岁以上的老人就可以穿上丝袄了。鸡狗猪等家禽家畜，不要错过它们的繁殖时期，七十岁以上的老人就可以吃上肉了。百亩的田地，不要错过农时，几口人的家庭就可以吃饱了。所以作为一个家庭的家长，首先要考虑的，便是给自己的子孙后代留下可供生存的土地。而且，"但留方寸地，留与子孙耕"两句，在今天看来，更是有其丰富的内涵和意义。因为与古代中国不同，当今中国面临生态破坏、土壤污染、耕地面积缩小等一系列严重的问题，因此，对于当今的中国人来说，如何更好地保护土地资源，给子孙后代留下一片洁净、肥沃、可供持续发展的土地，便是一项十分迫切的任务。

不过,也有学者认为,"但存方寸地"中的"方寸地"指的是心,这两句意为留下一片纯洁的心田留给子孙去耕种,如宋代罗大经的《鹤林玉露·人集》卷之六《方寸地》中说:"俗语云:'但存方寸地,留与子孙耕。'指心而言也。三字虽不见于经传,却亦甚雅。"此说可供参考。

五是人要懂得控制自己的情绪,而且不妨用佛教学说来帮助自己修身养性。人在遇到不顺心之事的时候,常常会或忧愁烦恼,或愤怒生气,然而,这些负面的情绪对人的身体健康会造成极大的伤害。因此,如果一碰上不顺心之事,你便在那里恼怒、生气,那你便会整天生活在痛苦之中,这样长此以往,各种疾病便会很快缠上你。因此,当我们面临不如意之事的时候,正确的做法,便是要尽量开导自己,一方面要认识到碰上不顺心之事是十分正常的,人生不可能没有烦恼;另一方面则要用种种方法来破解这些烦恼,如认识到人生短暂,应以享受快乐为主,如孔子就曾说过,他自己常常"乐以忘忧"(《论语·述而》);如认识到气大伤身,身体健康是第一位的,因此不能用这些负面情绪来摧残健康;等等。除此之外,还可以用佛教理论来排遣烦恼。因为佛教认为"四大皆空",一切都是因缘巧合的结果,人生是虚幻的,并不值得执着。既然连人生都是虚幻的,则那些所谓的不顺、烦恼又算得了什么呢?因此,多学佛教理论,会让你不再执着于现实的利弊得失,而关注灵魂的拯救与永生,这样,心头的火气亦可自然消除了,故《增广贤文》中说:"灭却心头火,剔起佛前灯。"当然,用佛教理论来"灭却心头火",这只是修身养性的方法之一,关键还是要确立积极的人生观。如果人们能把为社会、为人类作贡献作为自己最高的价值追求,便不会成天为了个人的利弊得失而忧愁烦恼了。

六是指出了长期存在于社会中的一种怪现象:聪明人常常不能得志,愚昧无能的人却总是一帆风顺,左右逢源,有的甚至身居三公高位。关于其中的原因,苏东坡认为是"聪明反被聪明误",即聪明人因为聪明而吃亏。苏东坡聪明过人,却在仕途中屡遭挫折,故他在《洗儿》一诗中写道:"人皆养子望聪明,我被聪明误一生。"对此,《西湖二集》卷四中说:"苏东坡晓得一生吃亏在聪明二字,所以有感作这首诗,然与其聪明反被聪明误,不如做个愚蠢之人,一生无灾无难,安安稳稳,做到九棘三槐,极品垂朝,何等快活,何等自在!"不过,历史上之所以有不少聪明人不得志,愚昧无能的人却能掌握权势,问题还是出在制度不合理,真正合理的制度,则能给聪明人提供施展抱负的机会，否则，如果聪明人都被边缘化，国家大事都由愚昧昏庸的人说了算，那老百姓还有好日子过吗？

不过，对于"惺惺常不足，蒙蒙作公卿"两句，一些学者有不同的解释，如有的学者认为，这两句意为聪明人常常认识到自己的不足，糊涂人则把自己看作公卿。笔者认为，这样的解释有两点值得商榷：一是有增字作解之嫌，因为把"常不足"释为常常认识到自己的不足，其中的"认识到"是解释者凭自己的理解加进去的；同样，把"作公卿"释为把自己看作公卿，亦有类似的问题。二是说糊涂人把自己看作公卿，这也不符合客观实情，因为在实际生活中，我们亦很少见到有哪个糊涂人把自己当作公卿的情况。

七是人要立志做大事、成大器。《增广贤文》中说"众星朗朗，不如孤月独明"，这是用人们常见的自然现象来告诉我们，夜空中繁星点点，数量极多，但是它们的光明加起来都比不上月亮；既然如此，作为一个人，就应该努力让自己像月亮一样，而不是让自己成为一颗微不足道的星星（当然，必须说明的是，这是基于古人的认识来立论的，因为根据现代天文学的观点，天上的点点繁星多是恒星，它们无论从质量还是亮度上都要远远超过月亮，只是从人们的肉眼看来，月光要亮于繁星）。如作为一个军人，就要努力让自己成为一位将军，因为"不想当将军的士兵不是好士兵"；如作为一位研究中国古代思想的学者，就要努力让自己成为孔子那样的人，因为"天不生仲尼，万古如长夜"（《朱子语类》）；……同样，当人们撰写学术论文、学术专著的时候，亦应该努力写出像《老子》《庄子》《论语》那样能真正传世的作品，而不是拼凑一大堆资料，去炮制劳民伤财的所谓"学术成果"。这样的目标虽然显得很难企及，但"取法乎上，得法乎中"，如果你一开始就把目标定得很低，则肯定不可能写出高质量的学术作品来。

八是兄弟之间应该相亲相爱，否则，兄弟之爱便会不及朋友之情。中国古代对兄弟友爱十分重视，如《幼学琼林》卷二《兄弟》中说："世间最难得者兄弟。"并用大量正反两方面的事例来说明应该珍惜兄弟之情，如"姜家大被以同眠，宋君灼艾以分痛"，"煮豆燃萁，谓其相害；斗粟尺布，讥其不容"，等等。其中"姜家大被以同眠"的故事见于《后汉书·姜肱传》："肱与二弟仲海、季江，俱以孝行著闻。其友爱天至，常共卧起。"谢承书在注中说："兄弟同被而寝，不入房室。"姜肱字伯淮，是东汉时彭城广戚（今安徽沛县）人。一生无意于做官，精通五经，前来求学的多达三千人。姜肱与弟弟仲海、季江都以孝顺闻名,而且兄弟间十分友爱,晚上睡在一起,同盖一条被子,即使结婚成家以后,也仍然如此。

"斗粟尺布"之说见于《史记·淮南衡山列传》:"孝文十二年,民有作歌歌淮南厉王曰:'一尺布,尚可缝;一斗粟,尚可舂。兄弟二人不能相容。'"淮南厉王刘长是汉文帝的兄弟,因为犯法,在接受惩处时绝食自杀。于是,民间出现了关于刘长的民谣,说:"一尺长的布尚可缝成衣服一起穿,一斗粟尚可舂后共同食用,天下如此之大,兄弟两人却不能相容。"意在讥讽汉文帝兄弟之间互相争斗。

《幼学琼林》中最后得出结论说:"虽曰安宁之日,不如友生,其实凡今之人,莫如兄弟。"意即虽然说平安无事的时候,兄弟不如朋友亲密;其实当今的人中,最亲密的还是兄弟。由此可见,《幼学琼林》对于兄弟之情的论述和揭示是十分深刻的,也是极为合理的,与《增广贤文》中所说的"兄弟相害,不如友生",在思想上可谓一脉相承。

64 合理①可作，小利莫争。牡丹花好空入目②，枣花虽小结实③成。欺④老莫欺少，欺人心不明。随分⑤耕锄收地利⑥，他时⑦饱暖谢苍天。

【译文】

符合事理的事情可以去做，蝇头小利不要去争。牡丹花虽然美丽，但只能供人观赏；枣花虽然很小，却能结成果实。宁可欺负老人也不要欺负年少的人，欺负别人的人是糊涂人。按照本分耕种土地以收获农产品，等到以后你吃饱穿暖的时候要感谢苍天。

【注释】

①合理：符合道理或事理。
②空入目：指只能供人观赏。
③实：果实。　　④欺：欺负；侮辱。　　⑤随分：依据本性；按照本分。　　⑥收地利：指收获农产品。地利：对农业生产有利的土地条件。　　⑦他时：将来；以后。

【解读】

本段文字主要包含以下四层意思。

一是要做符合道理的事情，不要去争小利。这个道理人人都懂，却不是人人都能遵行。因为追求利益是人们行为的重要动机，而合理之事即符合事理的事情则未必会带来利益，因此，当事理与利益发生冲突的时候，不同的人便会有不同的选择，故《论语·里仁》中说："君子喻于义，小人喻于利。"即君子懂得义，小人只懂得利。另外需要注意的是，"小利莫争"中的"小利"，指的是个人私利，它与"大利"即公共利益相对而言，"小利莫争"，但关系到国家民族利益的"大利"则是必须去争的。

二是好看的未必实用，实用的未必好看。正如牡丹花好看但结不出果实，枣花虽然细小却能结枣。万物有其各自的特点，关键在于人们的取舍。我们不能因为牡丹花不会结果而抛弃它，也不能因为枣花不好看而砍掉枣树。在供游人观赏的公园里，人们会选择牡丹花而不看枣花，然而在普通农民的院子里，却会选择种枣树而不种牡丹。当然，"牡丹花好空入目"还有另外一层意思，就是看事物不能光凭表面现象，在现实生活中，有的人虽然话说得很漂亮，但在真正做事的时候，却做得很差，这种像牡丹花般"中看不中用"的人当然是人人讨厌的。

三是不要欺负少年人，宁可欺负老年人也不要欺负少年人，即所谓"欺老莫欺少"。以往的诸多本子在解释该句时，往往回避"欺老"二字，这样做貌似合理，其实却忽视了现实生活中非常值得我们注意的一种现象。如在日常生活中，当老年人和年轻人发生冲突的时候，即使年轻人很有理，人们也会很自然地偏袒老年人；如某些单位中的领导，他们对年纪大一些的人会很尊敬，但对年轻人则颐指气使，根本不放在眼里。当人们这么做的时候，通常会有这么一种错误的观念：一个小年轻，无权无势，不"欺负"你"欺负"谁！然而，年轻人也会变老，也有可能从无权无势变得有权有势，因此，当一个曾经被你任意欺负的年轻人，某一天掌握了重要的权力，你将会是一个什么下场，也就可想而知了。大家都知道"胯下之辱"这个成语吧，据《史记·淮阴侯列传》载，韩信是楚汉相争时的著名将领，为汉朝的建立立下了汗马功劳。但韩信少年时家里很穷，别人都瞧不起他。一次，有人侮辱他，说：如果你不怕死，就用手中的剑来刺我；如果怕死，就从我胯下钻过去。韩信竟然俯下身子，从那个人的胯下钻了过去。于是，人人都讥笑韩信胆小。然而，汉朝建立后，韩信被封为楚王，此时他若要惩罚那个侮辱他的人还不是易如反掌？虽然据《史记》记载，韩信后来并没有惩罚那个侮辱过他的人，但那完全是因为韩信为人大度。而老年人则不同，他是什么样就什么样了，他很难像韩信那样由一个穷人变成一方诸侯，因此，如果非要让你在"欺老"和"欺少"之间作出抉择，就宁可"欺老"也不要"欺少"。当然，在此只是作一种假设，并不是鼓励人们去欺负老人，因为无论"欺老"还是"欺少"，都是要不得的，故《增广贤文》中说："欺人心不明。"

四是人们在吃饱穿暖时千万别忘了感谢老天爷。中国古代是农业社会，吃的粮食，穿的棉布，都是通过种地获得的。而种地则严重依赖气候条件，风调雨顺，作物就能丰收；干旱涝灾，农产品就有可能绝收。而在古人的心目中，气候条件是由老天爷控制的，既然如此，当作物丰收，人们能丰衣足食时，自然就要感谢老天爷了。当然，所谓老天爷只是人们的一种迷信观念，老天爷实际上即是大自然，因此，对大自然抱有一份感恩之心，还是很有必要的。

▲"欺老莫欺少，欺人心不明"，强调不要欺负少年人，因为"后生可畏"，少年人有无限发展的可能性，你今天欺负了他，一旦他日该少年人发达了，你便会追悔莫及。据《史记》记载，韩信少年时家里穷，没有人瞧得起他，有一个人甚至要韩信从他的胯下钻过去。韩信没有反抗，乖乖地从该人的胯下钻了过去。后来韩信为汉朝的建立立下了汗马功劳，被封为楚王，此时那个曾经侮辱过他的人会被吓成什么样子，也就可想而知了。此为清代任颐绘制的"能出胯下"图，描绘了韩信从他人胯下钻过去的情形。

65 得①忍且②忍,得耐③且耐;不忍不耐,小事成大。相论④逞⑤英雄,家计⑥渐渐退⑦。贤妇⑧令夫贵,恶妇令夫败。

【译文】

能忍就得忍,该耐就得耐;不忍不耐,小事情就会变成大事情。在一起谈论时逞能称英雄,家庭生计就会渐渐减退。贤惠的妻子能使丈夫显贵,恶劣的妻子则会使丈夫失败。

【注释】

①得:能够。 ②且:就。
③耐:忍受;容忍。 ④相论:互相谈论。 ⑤逞:显示;夸耀。 ⑥家计:家庭生计。
⑦退:减退或消失。 ⑧贤妇:贤妻,贤惠的妻子。

【解读】

本段文字主要包含以下三层意思。

一是人要学会忍耐。生活中经常会发生一些不如意的事情,如果一不如意你就生气发作,那你将会有生不完的气。尤其是有的不如意之事你是必须忍耐的,如领导对你的批评,长辈对你的训诫,有的人为了激怒你而故意发出的挑衅,等等。对这些事如果你"不忍不耐",就很有可能使事情向恶性的方向发展。历史上有不少名人都是因为懂得忍耐,才最终走向成功的。如张良曾忍气为一位陌生老者捡鞋穿鞋;韩信曾受胯下之辱;光武帝刘秀的哥哥被冤杀,他强忍着不表达哀痛,反而向仇人表示臣服;等等。相反,那些不能忍一时之气的人,则常常成为失败者,如东汉末年的名士祢(mí)衡,因遭曹操的羞辱,为图一时之快,"击鼓骂曹",最后死于非命;明末的吴三桂,"冲冠一怒为红颜",投降清军,结果背上汉奸的骂名。所以,大到争夺天下,小到家庭琐事,都需要我们学会忍耐。所谓"小不忍则乱大谋",说的也是这个意思。

二是做人要低调,不要到处吹牛、逞英雄。在日常生活中,有的人喜欢吹牛逞能,比如吹自己家里如何有钱,吹自己为人如何慷慨,吹自己如何仗义疏财,等等。但这些图一时之快的行为,往往会使你付出很大的代价,因为你吹出去的牛,若不能兑现,便会使你失了面子,在别人面前抬不起头来;你若一一兑现,则必将使你付出巨大的精力和物力,这样久而久之,再大的家业也会被你折腾光。所以《增广贤文》说:"相论逞英雄,家计渐渐退。"

三是强调了妻子贤惠的重要性。贤惠的妻子顾大局,识大体,懂得为丈夫分忧,鼓励丈夫走正道,因此,丈夫容易在事业上获得成功。恶劣的妻子则只顾眼前利益,贪图一时之快,怂恿丈夫做损人利己之事,这样丈夫迟早都会出事。在《史记·管晏列传》中有这样的记载:"晏子为齐相,出,其御之妻从门间而窥其夫。其夫为相御,拥大盖,策驷马,意气扬扬,甚自得也。既而归,其妻请去。夫问其故。妻曰:'晏子长不满六尺,身相齐国,名显诸侯。今者妾观其出,志念深矣,常有以自下者。今子长八尺,乃为人仆御,然子之意自以为足,妾是以求去也。'其后夫自抑损。晏子怪而问之,御以实对。晏子荐以为大夫。"晏子即晏婴,曾任齐国的宰相。一次,晏子坐着车子外出,为他赶车的车夫的妻子正好从门缝里看见了她的丈夫。她的丈夫自以为给宰相赶车,高人一等,威风凛凛,得意非常。等车夫回家后,他的妻子要求跟他离婚。车夫问为什么?妻子说:晏子身高不到六尺,可是人家当了齐国的宰相,名震天下。今天我从门缝里看他的样子,人家思虑很深,还仿佛总觉得许多地方不如人。你身高八尺,只是替人赶车,却觉得挺了不起!因此我要求离开你。从此以后,车夫就开始变得谦虚了。晏子觉得奇怪,就问他是什么缘故,车夫就把事情的原委告诉了他,晏子于是推荐他当了齐国的大夫。由此可见,这位车夫的妻子就是典型的能"令夫贵"的贤妻。

66 一人有庆①,兆民②咸③赖④。人老心未老,人穷⑤志不穷⑥。人无千日好,花无百日红。杀人可恕⑦,情理⑧难容⑨。

【译文】

一个人做了好事,所有民众都会从中得到好处。人虽然老了,但是心态还没有老;人虽然贫困,但是志向没有丧失。人不可能一千天都很顺利,花不可能一百天都很红艳。杀人之罪可以饶恕,这在情理上难以容忍。

【注释】

①庆:善;善事。　②兆民:古称天子之民,后泛指众民、百姓。
③咸:都。　④赖:得益;受益。
⑤穷:贫困。　⑥穷:尽;完。
⑦恕:宽容;原谅。　⑧情理:人的常情和事情的一般道理。
⑨容:容忍;原谅。

【解读】

本段文字主要包含以下三层意思。

一是当权者应该做有益于人民的事。因为当权者手握大权,影响巨大,他的一举一动都会影响民众的幸福。"一人有庆,兆民咸赖"两句出自《尚书·吕刑》:"惟敬五刑,以成三德。一人有庆,兆民赖之。其宁惟永。"意思是:周朝的天子告诫臣下,一定要严格遵守法律,成就道德,因为一个人做了好事,亿万臣民都会得到好处,这样国家也就会长治久安。当然,这里的"一人",指的是统治者,而非普通民众。

二是人的志向、追求不要被外界环境或客观条件所左右。如一个人进入老年,通常会变得没有追求,只想着安度晚年,而《增广贤文》则认为,应该"人老心未老":人可以变老,但志向和追求不应丧失,而应仍然保持年轻时的状态。《论语·述而》中记载孔子介绍自己时说"其为人也,发愤忘食,乐以忘忧,不知老之将至",意即发愤学习时忘了吃饭,经常快乐得忘掉忧愁,不知道自己将要进入老年。孔子是这样说的,也是这样做的。孔子到了晚年,除了教授学生,还从事中国古代文化的整理工作,据传他曾删定《诗经》,撰述《春秋》,写作《易传》,为中国文化的发展作出了重要的贡献。

一个人的志向除了不要因年老而丧失,还要不因处境困难而改变,而应该"人穷志不穷"。因为人的处境总是处于不断的变化之中,有时候顺利,有时候不顺,这都是正常现象,正如"花无百日红",人也很难有"千日好",如果自己的志向随着处境而变化,那你就很有可能变成一个小人。因为孔子曾经说过:"君子固穷,小人穷斯滥矣。"(《论语·卫灵公》)即君子在面临困窘的时候,仍然会坚守原则;小人在面临困窘的时候,就会胡作非为。所以能否做到"人穷志不穷",同时也是区别君子和小人的一个重要标准。

　　三是杀人偿命,天经地义,因此,杀人之罪不可饶恕,如果杀人之罪可以饶恕,这在情理上无论如何都是让人不能容忍的,故《增广贤文》说:"杀人可恕,情理难容。"当然,这里的"杀人",指的是在对方不该被杀的情况下而把对方杀了。然而,对于这两句话的确切含义,学者们却有不同的理解,其中有代表性的主要有这样两种:一种认为,这两句指的是杀人之罪可以饶恕,违背情理却不可容忍,意指符合情理最为重要;一种认为,这两句指的是即使杀人的理由可以宽恕,但在情理上也是难以容忍的。笔者认为,上述两种解释虽然也能说通,但都有增字作解之嫌,如第一种把"情理难容"释为违背情理不可容忍,"违背"二字系释者所加;第二种把"杀人可恕"释为杀人的理由可以宽恕,"理由"二字亦为释者所加。因此,笔者在此只是对这两句话作逐字逐句的解释,而不作主观的发挥。

67 乍①富不知新受用②,骤③贫难改旧家风④。座上客常满,杯中酒不空。屋漏更⑤遭连夜⑥雨,行船又遇打头风⑦。笋因落箨(tuò)⑧方⑨成竹,鱼为奔波始化龙⑩。记得少年骑竹马⑪,看看⑫又是白头翁⑬。

【译文】

突然富起来的人不知道如何享受新的生活,一下子变穷的人难以改变过去的生活方式。座位上常常坐满客人,酒杯中的酒从来没有空过。屋漏的时候又遭遇接连几夜的雨,行驶的船又遇到迎面刮来的大风。竹笋因为外面的皮脱落才变成竹子,鱼因为通过长距离游动跃过龙门才变化成龙。还记得少年时骑着竹马玩耍,转眼间却已成了白发老翁。

【注释】

①乍:突然;忽然。　②受用:享受;享用。　③骤:突然。　④家风:家庭或家族的传统风尚或作风。　⑤更:再;又。　⑥连夜:接连几夜。　⑦打头风:逆风;迎面刮来的风。　⑧箨:竹笋外面的皮。　⑨方:才。　⑩鱼为奔波始化龙:指鱼因为通过长距离游动跃过龙门才成为龙。为:因为。　⑪竹马:儿童游戏时当马骑的竹竿。　⑫看看:有眼看着、转瞬间等意思。　⑬白头翁:白发老人。

【解读】

本段文字主要包含以下五层意思。

一是人的生活方式具有相对的稳定性,即使突然间由穷变富或一下子由富变穷,原来的生活方式都会保持一段时间。一个突然间由穷变富的人保持原来贫穷时的生活方式,这是好事,会被人们称赞为不忘本,富而不骄;一个突然间由富变穷的人仍保持原来奢侈的生活方式则会受到人们的指责。好比一个富家子弟,突然间家道中落,身无分文,却仍要摆谱,仍要维持锦衣玉食的生活,这只能让他债台高筑,永无东山再起的机会。

二是描绘了一种富足而又热闹的生活方式。"座上客常满,杯中酒不空",家中的大厅里经常坐满了客人,而且这些客人能始终享用丰盛的酒宴,这一方面需要主人有充足的财力,另一方面也说明主人热情好客,朋友众多。据《后汉书·郑孔荀列传》载,东汉末年,孔融官拜太中大夫,"宾客日盈其门。常叹曰:'坐上客恒满,尊中酒不空,吾无忧矣。'"因太中大夫是个闲职,孔融便把更多的时间用在人际交往上,从而使家中宾客不断。孔融常常对此感叹说:座位上常常坐满客人,杯中的酒从来没有空过,我的生活没有可忧的了。可见孔融是十分享受这种生活的。当然,即使对于现代人来说,这样的生活亦是值得羡慕和追求的。但是,我们必须注意的是,这种生活的一个基本前提,是有丰厚的家产,如果只是一个衣食无忧的小康之家,或一个由富转贫的衰败人家,仍要去追求这样的生活,则只会让你陷于更加贫困的境地。

三是人在倒霉的时候,有时候会碰上倒霉之事接踵(zhǒng)而至的情况,即所谓"屋漏更遭连夜雨,行船又遇打头风"。俗话所说的"祸不单行",也是这个意思。面对这种处境,一般的人,或许便会自认命苦,从此灰心丧气,一蹶(jué)不振;而那些意志坚强的人,则会把它看作考验自己、磨炼自己的机会。春秋末年,孔子为了实现自己的治国理想,周游列国,长达十几年的时间。在这十几年中,他曾在匡地被人围困,在陈国断绝了粮食,又遭受不少当权人物的冷遇,遭遇不可谓不惨,经历不可谓不坎坷。然而,孔子却从未因此改变过自己的信念,而是始终坚持自己的做人原则,并保持积极乐观的心态。此种修养素质,确实是常人难以企及的。

四是任何事情想要取得成功都有一个过程,都需要付出艰苦的努力,正如竹笋要变成竹子需要脱去层层的外皮,鱼想成为龙要经历长距离的奔波。此外如人们耳熟能详的"宝剑锋从磨砺出,梅花香自苦寒来",说的也是类似的意思。"鱼为奔波始化龙"一句,说的是鲤鱼跳过龙门后变化成龙的故事,与第23段"池养化龙鱼"中"化龙鱼"的意思相同,可参见该段的"解读"。

五是慨叹光阴似箭,人生短暂。好像昨天还是一个小孩,骑着竹马与小伙伴们一起玩耍,今天却变成了一个满头白发的老人。类似的句子在前面屡有出现,如第32段中说:"白发不随老人去,看来又是白头翁";第55段中说:"光阴似箭,日月如梭"。可参看这两段的"解读"。

68 礼义①生于富足,盗贼出于贫穷。天上众星皆拱北②,世间无水③不朝东。君子④安贫⑤,达人⑥知命⑦。

【译文】

礼仪产生于财物富足,盗贼的出现是因为家里贫穷。天上的所有星星都环绕着北极星,世上的所有河流都向东奔流。君子安于贫穷的境遇,通达的人知道一切均由命运决定。

【注释】

①礼义:同"礼仪",指礼节和仪式。
②拱北:指环绕着北极星。拱:环绕;环抱。北:指北极星。　③水:指河流。
④君子:指人格高尚的人。　⑤安贫:安于贫穷的境遇。　⑥达人:通达事理、乐观豁达的人。　⑦知命:懂得事物的生灭变化都由天命决定的道理。

【解读】

本段文字主要包含以下三层意思。

一是人世间之所以会产生礼仪,之所以会有盗贼,都与物质财富有关。当人们拥有充足的物质财富时,就会产生礼仪,因为礼仪可以尽量确保物质财富的合理使用,可以让人们的生活变得更为丰富,更上档次。《管子·牧民》中的"仓廪实则知礼节,衣食足则知荣辱",说的也是同样的意思。相反,当物质财富匮乏时,一些人为了解决温饱问题,便会被迫铤而走险,成为盗贼。所以,只要社会上财富充足,分配公平,人人都不用为温饱发愁,就会使盗贼绝迹,并使人人讲求礼仪。从根本上说,这种观点是很有道理的,符合社会生活的内在规律。当然,这种观点也存在漏洞,因为有的盗贼之所以要去偷盗,并不是因为贫穷,而是因为贪婪,是想得到更多更好的东西,过上更奢侈的生活。由此可见,贫穷会迫使一些人成为盗贼,但并不是所有的盗贼都是因为家里贫穷。

二是揭示了存在于自然界中的两个规律:天上的所有星星都环绕着北极星,地上的所有河流都向东奔流。这一方面说明了自然规律是客观的,它不以人的意志为转移,另一方面也说明了北极星在天空中居于核心的地位。"天上众星皆拱北"一句,出自《论语·为政》:"子曰:'为政以德,譬如北辰,居其所而众星共之。'"意思是:孔子说:"用道德来治理国家,就好像北极星一样,处在自己的位置上,别的星辰都环绕着它。"因此,孔子是通过天上众星环绕北极星的事实,来宣传他的德治思想,认为德治就像北极星一样,是治理国家的根本原则,其他的所有治国思想都是围绕这一原则而展开的。

　　三是说明了君子和通达之人的处世原则:君子安贫乐道,通达之人知道一切由天命决定。君子因为安贫乐道,所以不会为了世俗的利益改变志向,不会去做苟且之事;通达之人因为深信一切都由命运决定,所以随遇而安,不固执,不计较,以豁达的态度对待生活中发生的一切。如陶渊明在《归去来兮辞》中说:"富贵非吾愿,帝乡不可期。怀良辰以孤往,或植杖而耘耔(yúnzǐ)。登东皋(gāo)而舒啸,临清流而赋诗。聊乘化以归尽,乐乎天命复奚疑!"意即荣华富贵不是我的愿望,仙境又不可预期。留恋这大好的时光而独自前往,或者把手杖插在地上而锄草培苗。登上东面的高冈放声长啸,来到清澈的溪流旁创作诗篇。姑且顺应自然的变化而走到生命的尽头,快乐地接受天命的安排又有什么疑虑!通达之人的这种生活态度无疑是值得我们欣赏的,但是他们把这种生活态度建立在神秘的天命的基础上,则并不可取,关于这一点,我们在前面已多有论述。

69 良药苦口利于病,忠言逆耳①利于行。顺天②者存,逆天者亡。人为财死,鸟为食亡。夫妻相合好③,琴瑟④与笙簧(shēnghuáng)⑤。

【译文】

好药吃起来很苦,但有利于治病;正直的劝告听起来不顺耳,但有利于行动。顺从天意的就生存,违背天意的就灭亡。人为谋取财物而死,鸟为觅取食物而亡。夫妻关系和睦,就像琴瑟和笙发出和谐的声音一样。

【注释】

①忠言逆耳:正直的劝告听起来不顺耳。
②顺天:遵循天道;顺从天的意旨。天:迷信的人指宇宙中万物的主宰者。也指自然界。
③合好:和好。　④琴瑟:琴和瑟,两种弹奏的乐器,比喻夫妻感情和谐。
⑤笙簧:指笙,管乐器,由若干根装在一个锅形座子上的竹管组成,其中一根为吹气管,其他的竹管里装有簧片,用口吹奏。簧:乐器中的发声薄片。

【解读】

本段文字主要包含以下四层意思。

一是正直的劝告往往听上去不那么好听,有时甚至会让人极不舒服,但你不要因此而拒绝,因为正如能治病的好药往往会很苦一样,这种听上去刺耳的话恰恰有利于你处世行事。在现实生活中,几乎所有的人都喜欢听好话,喜欢听称赞、夸奖的话,但这样的话听多了,你就会飘飘然,甚至会忘乎所以,看不到自己的缺点。这样长此以往,你不但无法进步,而且会因为缺乏正常的判断力而失误频频。相反,正直的劝告往往是针对你言行中的某些错误或思想认识上的某些误区而发,因此,听上去极易让人感觉不舒服。对于这些让人听着不舒服的劝告,有人采取拒绝甚至惩罚劝告者的做法,如商朝末年,商纣(zhòu)王荒淫无道,王子比干劝他改正错误的做法,他竟然残忍地把比干杀害了。也有人虚心地接受劝告,如唐太宗时,大臣魏征多次不留情面地指出唐太宗政策上的一些错误,唐太宗不但没有因此责怪魏征,反而称赞他做得对。结果怎么样呢?大家都知道,商纣王因为听不进劝告而导致商朝灭亡,唐太宗则因虚心纳谏而留下了千古美名。

"良药苦口利于病,忠言逆耳利于行"两句出自《孔子家语·六本》:"孔子曰:'良药苦于口而利于病,忠言逆于耳而利于行。汤武以谔(è)谔而昌,桀(jié)纣以唯唯而亡。'"意思是:孔子说:"良药苦口利于病,忠言逆耳利于行。商汤和周武王因为能听取正直的劝谏而昌盛,夏桀和商纣因为只听随声附和的话而国破身亡。"不过,在《韩非子·外储说左上》中也有类似的思想:"夫良药苦于口,而智者劝而饮之,知其入而已己疾也。忠言拂于耳,而明主听之,知其可以致功也。"

二是顺应历史潮流的事物能生存发展,违背历史潮流的事物则必然归于消亡,即所谓"顺天者存,逆天者亡"。"顺天者存,逆天者亡"两句出自《孟子·离娄上》:"孟子曰:'天下有道,小德役大德,小贤役大贤;天下无道,小役大,弱役强。斯二者,天也。顺天者存,逆天者亡。'"意思是:孟子说:"天下政治清明的时候,道德水平不高的人被道德水平高的人所役使,不太贤能的人被十分贤能的人所役使;天下政治黑暗的时候,力量小的被力量大的所役使,弱的为强的所役使。这两种情况,都是由天决定的。顺从天的就生存,违背天的就灭亡。"孟子所说是十分有道理的,在一个大一统的国度里,需要的是秩序井然,民众安居乐业,因此此时可以让道德水平高的人担任统治者,实施以德治国的国策。而在一个充满竞争的世界里,各国的目标是发展实力,争取生存空间,此时就必须重视国家富强和提高整体国力,如果此时反其道而行之,只讲道德,不注重实力,则亡国灭族之事随时都会发生。当然,这并不是说在充满竞争的环境里不需要讲道德,而是要把道德置于辅助的地位,尤其是不要空谈道德。

三是那些贪财之人最终会因为钱财而死,正如鸟为了觅食而死一样。追求财富是人的本性,因此,追求财富本身并没有错,关键是不能把财富当成人生的唯一或最高追求。因为人与动物不同,动物活动的目的就是维持生存,所以它们常常会为了食物而不惜生命,如鱼为了吃食而吞钓饵,野猪为了吃食而落入陷阱。而人生是十分丰富的,除了追求物质上的享受,人们还会去追求友情、亲情,追求自己的理想,追求精神上的享受。因此,如果一个人把钱财作为自己的最高追求,他就会为了钱财而不顾亲情、友情,不顾道义,甚至不顾法律,那么,等待他的也必将是严厉的惩罚。

四是强调要建立和睦的夫妻关系,为此,《增广贤文》中以琴瑟与笙簧来作喻。之所以用琴瑟和笙簧来比喻夫妻关系,是因为琴瑟和笙能演奏出悦耳的音乐。如《诗经·周南·关雎》中就说:"窈窕淑女,琴瑟友之。"意即高贵娴雅的姑娘，要以美妙的琴声才能让她动情。在《史记·司马相如列传》中记载的司马相如为了追求卓文君，故意用琴声去挑动她，指的也是类似的意思。需要说明的是，这里的笙簧指的就是笙，因笙依靠簧发声，故称；一些注释本把它释为两种乐器，无疑属于误解。

良好的夫妻关系对家庭和谐、社会稳定十分重要，如《幼学琼林·夫妇》中说："阴阳和而后雨泽降，夫妇和而后家道成。"意即阴与阳和谐协调，雨水才会落下；夫和妻和谐协调，家庭之道才会确立。《幼学琼林》中还列举了不少历史上夫妻和睦的例子："张敞为妻画眉，媚态可哂（shěn）；董氏对夫封发，贞节堪夸。冀郤（xì）缺夫妻，相敬如宾；陈仲子夫妇，灌园食力。"其中张敞为妻画眉的故事见于《汉书·张敞传》："（敞）又为妇画眉，长安中传张京兆眉怃（wǔ）。有司以奏敞。上问之，对曰：'臣闻闺房之内，夫妇之私，有过于画眉者。'上爱其能，弗备责也。"汉代的张敞任京兆尹时，为自己的妻子画眉，因此长安城中传言张敞取悦妻子。有关部门把此事向皇帝报告。皇帝就此事问张敞，张敞回答说："我听说夫妻在闺房内的隐私之事，应该比画眉还要厉害。"皇帝看重张敞的才能，因此并没有加以责备。郤缺夫妻相敬如宾一事见于《左传·僖（xī）公三十三年》："初，臼季使，过冀，见冀缺耨（nòu），其妻馌（yè）之。敬，相待如宾。"当初，臼季出使的时候，路过冀国，看见郤缺在除草，他的妻子到地里给他送饭，两个人相敬如宾。臼季把自己所见告诉了晋文公，晋文公便任命郤缺为下军大夫。

70 有儿贫不久，无子富不长。善必寿考①，恶必早亡②。爽口食多偏作病③，快心④事过⑤恐生殃。富贵定要安本分⑥，贫穷不必枉⑦思量⑧。

【译文】

有儿子的人，贫穷的时间不会很久；没有儿子的人，富裕的时间不会很长。善人一定长寿，恶人一定早死。清爽可口的食物吃多了反而会生病，令人高兴的事情过多恐怕会产生灾祸。富贵时一定要安于本分，贫穷时也不要枉费心机。

【注释】

①寿考：年高；长寿。②亡：死。③作病：生病。④快心：使感到满足或畅快。⑤过：过分；过多。⑥本分：本身应尽的责任和义务。⑦枉：徒然；白费。⑧思量：考虑。

【解读】

本段文字主要包含以下四层意思。

一是强调了生儿子的重要性。一个家庭虽然很穷，但是如果家中生了儿子，就可以培养这个儿子，通过这个儿子的奋斗，将来就有可能变得富裕；一个家庭虽然很富，但是如果家中没有儿子，那么，这份家产迟早会变成别人的，所以说"有儿贫不久，无子富不长"。这种观念在中国古代社会长期流行，有一定的道理，但也暴露了中国古代社会重男轻女的错误思想。其实，女儿对于一个家庭的作用亦是不可小觑（qù）的，汉代的女子缇（tí）萦就曾依靠自己的努力救过父亲淳于意。据《史记·扁鹊仓公列传》载："文帝四年中，人上书言意，以刑罪当传西之长安。意有五女，随而泣。意怒，骂曰：'生子不生男，缓急无可使者！'于是少女缇萦伤父之言，乃随父西。上书曰：'妾父为吏，齐中称其廉平，今坐法当刑。妾切痛死者不可复生，而刑者不可复续，虽欲改过自新，其道莫由，终不可得。妾愿入身为官婢，以赎父刑罪，使得改行自新也。'书闻，上悲其意，此岁中亦除肉刑法。"意思是：文帝四年，有人上书告发淳于意，按照应当受刑之罪要向西押送到长安。淳于意有五个女儿，跟在父亲身后哭泣。淳于意愤怒地骂道："没有生下儿子，碰上急事的时候没有可以用得上的人！"小女儿缇萦感伤于父亲的话,于是跟随父亲向西,并向汉文帝上书说:"我的父亲做官,齐国都称赞他廉洁公平,现在根据法律要受刑。我私下里悲痛于死去的人不能再活,受刑砍下的肢体不能再接上,即使想改过自新,也没有办法。我愿意做官家的奴婢,来赎父亲所犯的罪,使他有机会改过自新。"汉文帝看到缇萦的上书后,怜悯她的孝心,这一年连肉刑也废除了。

二是把善恶与寿命相联系,认为善人必长寿,恶人必短命。这种观念,反映了人们的一种良好愿望,但并不符合客观事实。与此相对且流行较广的另一种观念则是:好人不长寿,恶人活千年。当然,这种观点亦只是反映了人们的某种感慨。笔者认为,人的寿命长短与善恶并无必然的联系。根据现代科学的研究,决定人的寿命长短的主要因素有遗传基因、生活习惯、心态好坏等。而善恶只是与人的心态有关,因为通常说来,行善之人心怀慈悲,心中坦荡,故能保持良好的心态,而这样的心态无疑是有利于长寿的;而作恶之人心怀鬼胎,常常恐惧害怕,这样的人当然就容易夭亡。然而,凡事都有另外一面,善人虽然不用去为做坏事而愧疚,但是善人往往嫉恶如仇,自律甚严,因此,生活中的不公,社会上的恶行,自己日常言行中不够完美的地方,也会让他气愤难忍,自悔自责,而这无疑都会明显影响他们的寿命。而恶人则不同,恶人往往把自己的个人利益看得高于一切,社会上的一切不公不正都与他无关,生活和工作中的任何错误都是别人的责任,而这样的心态则又是有利于长寿的。

三是做任何事情都要保持适度,过度就会造成负面效果甚至灾祸。比如人们都喜欢吃美味的食品,但美味的食品吃多了就会造成消化不良,并会由此引起其他疾病;比如人们都喜欢生活中充满欢乐,但是过分追求欢乐之事也会造成灾祸,此即所谓乐极生悲。故《老子》第五十八章中说"福兮,祸之所伏":幸福啊,灾祸隐伏在其中。因此,当我们在享受美食或沉浸在快乐之中的时候,心中一定要有这样一根弦:物极必反,适可而止。

四是当人们处于富贵或贫穷的状态时,一定要安于本分。让富贵的人安于本分,这是有道理的,因为富贵之人若不安于本分,去做越俎代庖之事,尤其是试图干预政治,便极有可能招来灾祸。但是,说"贫穷不必枉思量",即贫穷的人不要枉费心机,则是错误的观念。因为当人们身处贫穷时,正确的做法,应是通过自身的积极努力,去改变现状,创造财富,怎么能甘于贫穷呢?这种观念,当与《增广贤文》

的财富观密切相关,因为从前面的文字我们可以发现,《增广贤文》赞成"富贵在天"的思想,认为一个人是富贵还是贫穷,都是由命运决定的,人力无法去改变;既然如此,作为一个穷人,最好的办法无疑就是安于贫穷,如果非要想方设法去改变,不但会白费力气,而且还有可能带来别的麻烦。这当然是一种消极的甚至错误的人生观。其实《周易·系辞传》中早就说过"穷则变,变则通,通则久",当事物面临困厄时就要设法去改变它。

71 画水无风空作①浪,绣花虽好不闻香。贪他一斗米,失却②半年粮;争他一脚豚(tún)③,反失一肘羊④。

【译文】

画中的水波浪翻滚,但其实并没有风;绣出来的花虽然好看,却闻不到香味。贪图他人的一斗米,却失掉了半年的粮食;为了争夺别人的一个猪蹄,反而失去了一个羊肘子。

【注释】

①作:兴起;产生。
②失却:失掉。
③一脚豚:一个猪蹄。豚:猪。 ④一肘羊:一个羊肘子。

【解读】

本段文字主要包含以下两层意思。

一是凡事不能只图表面好看,而要讲求它的真实作用。画中的波浪画得再高也是假的,因为画里没有风,怎么可能掀起波浪?绣出来的花再好看,也不可能让你闻到花香,因为绣出来的花都是假的。所以,如果你想看波浪,就要到大江、大湖之畔,甚至到大海之上;如果你想闻花香,就要靠近真实的鲜花。同样,我们要考察一个人的水平和本领,就不能光凭别人的介绍,或只看文字资料,而要具体地接触这个人,观察他的言行,考察他的处事方式,比较他事前的承诺和事后兑现的情况,这样才能对他有一个全面、正确的了解。

二是做事情不能因小失大。一斗米和半年粮相比,一个猪蹄与一个羊肘子相比,谁都知道前者的价值小而后者的价值大,因此,在正常情况下,谁都会选择后者而放弃前者。然而,在现实生活中,却常常会发生因为前者而损失后者的情况。详细地分析其中的原因,大多是人们的贪心所致。据《左传·僖(xī)公五年》载,春秋时期,晋国的周边有虢(guó)、虞两个小国。晋献公想灭掉这两个国家,但若同时发动攻击,有较大难度,于是,便计划先灭虢,再灭虞。然而,要攻打虢国,必须经过虞国,晋献公便派人带着贵重的礼物送给虞国国君,希望虞国国君能借道给晋国军队。虞国国君看到晋国送来的大批礼物,满心欢喜,便不顾大臣宫之奇的劝谏,同意了晋国的要求。结果,晋国消灭虢国后,在回军的途中,顺便把虞国也灭了。虞国国君刚收到不久的礼物,就又回到了晋国的囊中。这便是贪心不足的典型下场。

72 龙归晚洞云犹①湿，麝（shè）②过春山③草木香。平生④只会量⑤人短⑥，何不回头把自量。见善如不及⑦，见恶如探汤⑧。人贫志短⑨，马瘦毛长。

【译文】

龙在晚上回到洞里时云还是湿的，麝在春天走过山地时连草木都是香的。平时只会议论别人的缺点，为什么不回头看看自身有什么缺点呢？看到善行，就像怕自己赶不上似地去追求；看到不善，就像用手探试沸水一样赶快避开。人在贫穷时会缺少志气，马消瘦时毛就会显得很长。

【注释】

①犹：还；尚且。 ②麝：哺乳动物，外形像鹿而较小，无角，前腿短，后腿长，善于跳跃。雄的脐下有腺囊，能分泌麝香。也叫香獐（zhāng）子。 ③春山：春天的山。 ④平生：平素；平时。 ⑤量：品评；评论。 ⑥短：缺点；过失。 ⑦不及：赶不上。 ⑧探汤：探试沸水。形容戒惧。汤：沸水；热水。 ⑨短：缺少。

【解读】

本段文字主要包含以下四层意思。

一是人生在世，应该有所作为，在世上留下自己的印迹与名声，就像龙兴起云、麝留下香一样。《论语·卫灵公》中载："子曰：'君子疾没世而名不称焉。'"意即孔子说："君子担心死后自己的名字不被世人称道。"为什么呢？因为如果一个人死后马上就被社会遗忘，就证明他对人类没有任何贡献，他在世上生活了几十年，却像根本没有存在过一样。这在以天下为己任的儒家看来，无疑是很大的遗憾，也是人生最大的失败。

二是人要懂得自我反省，不要眼中只盯着别人的缺点。在日常生活中，我们经常能发现有人在议论别人，说某人小气、自私、没有品位、素质差、水平低，等等，却从来不想想自己身上是否也有这些缺点，自己是否有资格去评论别人。事实上，只要你真正进行自我考察，发现自己身上的诸多缺点后，你就不会再口无遮拦地去议论他人的缺点了。《老子》第三十三章中说"知人者智，自知者明"，意即了解别人的人有智慧，了解自己的可谓达到了内心的澄明，明确指出了"自知"比"知人"更重要。可见在日常生活中，我们真正应该重视的是"把自量"，而不是"量人短"。需要指出的是，在前面的第12段中有"责人之心责己，恕己之心恕人"两句，表达的也是类似的意思。

三是人要积极行善，坚决拒绝恶行，即所谓"见善如不及，见不善如探汤"。"见善如不及，见不善如探汤"两句出自《论语·季氏》："孔子曰：'见善如不及，见不善如探汤。吾见其人矣，吾闻其语矣。'"孔子说："看到善行，就像怕自己赶不上似地去追求；看到不善的行为，就像把手伸入滚烫的水中试探温度一样赶快避开。我看到过这样做的人，也听到过这样的话。"也就是说，在孔子看来，追求善行，避开不善的行为，这并不是很高的要求，每个人只要严格要求自己，是可以做得到的。

四是人在贫穷的时候容易失去志向，即所谓"人贫志短"，这就像"马瘦毛长"，即马消瘦时身上的毛就会显得很长一样。"人贫志短"，这确实是一种常见的现象，因为一个贫穷的人，他脑子里成天想的就是如何解决自己的温饱问题，非要他在衣食无着的情况下去考虑国家和民族的前途，去考虑怎样提高自己的道德修养水平，是非常不切实际的。不过，根据儒家的观点，"人贫志短"，这只是就世俗之人而言的，对于君子来说，则应该是"君子固穷"（《论语·卫灵公》），即君子在贫穷的时候仍坚持自己的原则和志向。因为"君子忧道不忧贫"（同上），君子担忧的是不能获得道，而不是贫穷。所以孔子周游列国，栖栖遑（huáng）遑十多年，却始终没有改变自己的志向；颜回"一箪（dān）食，一瓢饮，在陋巷，人不堪其忧，回也不改其乐"（《论语·雍也》），都是典型的例子。

▲ "龙归晚洞云犹湿",指龙在晚上回到洞里时云还是湿的,说明了人活一世,一定要作出成绩,在世上留下自己的印迹,就像龙兴起湿润的云一样,否则便是虚度一生。此为明代的《十竹斋笺谱》中的"春涛龙起"图,描绘了龙起云涌的情形。

73 自家心里急,他人未知忙。贫无达士①将金赠,病有高人②说药方。触③来莫与竞④,事过心清凉⑤。秋至满山多秀色⑥,春来无处不花香。凡人不可貌相⑦,海水不可斗量。

【译文】

自己心里十分着急,别人并不知道你有多么着忙。贫穷的时候不会有不同凡俗的人把钱财送给你,生病的时候则有高明的人来告诉你药方。别人冒犯你的时候不要与他发生争执,等事情过去后心里自然会很平静。秋天到来时满山都是秀美的景色,春天到来时到处充满了鲜花的香气。人不能凭借外貌来进行判断,海水不能用斗来衡量它的多少。

【注释】

①达士:见识高超、不同于流俗的人。达:有的本子作"义"。 ②高人:才识超人的人。 ③触:触犯;冒犯。 ④竞:争论。 ⑤清凉:清静,不烦扰。 ⑥秀色:秀美的景色。 ⑦貌相:根据外貌来判断人。貌:有的本子作"面"。

【解读】

本段文字主要包含以下五层意思。

一是让人感同身受是十分不容易的事情。每当生活中遇到难题或心中纠结难受的时候,我们通常都会去找好朋友倾诉,希望能得到好朋友的理解和安慰。好朋友当然也会这样做,但是,你必须明白,"自家心里急,他人未知忙",好朋友其实并不能真正理解你心中的感受。如果你细细体会,便会发现,生活中其实存在两种效应:一种是放大效应,一种是缩小效应。所谓放大效应,就是当事情在你身上发生的时候,比如你受了冤枉,或获得了某种荣誉,你便会在心中产生一种放大效应,自以为这是一件非常了不得的事情,你会不断地向人诉说你所受的冤屈是多么大,或你获得的荣誉是多么重要。然而,每当这个时候,你会发现,别人也会相应地应和你,对你表示同情或祝贺,但他的内心其实并没有像你这么激动,因为他并未感觉到这有多么重要。与此相应的就是缩小效应,即一件发生在别人身上、在别人看来是多么不寻常的事情,在你看来则稀松平常,并没有什么了不起。因此，我们必须明白，发生在每个人身上的事情，其实只能由每个人自己去承受，别人即使能替你分担，也是十分有限的一部分。在第57段中有"你急他未急"一句，表达的也是类似的意思。

二是世上有不少自私自利的人，当你真正遇到困难的时候，他们不会施以援手，然而，当他们发现能从你身上获得好处的时候，便会主动向你表示关心。所谓"贫无达士将金赠，病有高人说药方"，指的是当你贫穷困顿、衣食无着的时候，千万不要幻想有"达士"来无偿地把钱财赠送给你，否则世界上就不会有穷人了。然而，当你生病的时候，却会有"高人"来主动向你推荐药方，为什么呢？因为如果你选择了他推荐的药方，他就可以借此赚钱了。这些道理当然说得有些绝对，因为在生活中也不乏无私奉献、热心助人的人，只是这样的人在我们的社会中实在是太少了。不过，有的学者认为，"贫无达士将金赠，病有高人说药方"两句，说明的是"救急不救贫"的助人原则，这种说法亦可作为参考。

三是当遇到矛盾纠纷的时候，千万不要因为一时的冲动而与别人发生争执，这样常常会造成令人后悔的结局。事实上，如果我们仔细想一想便可发现，生活中发生的不少冲突，在冲突发生的当下确实会令你气愤不已，然而每当冲突过去之后，你就会觉得这些冲突其实不过是小事一桩，实在不值得自己如此动气。既然如此，那么，每当冲突发生的时候，你就不妨提醒自己，此冲突并非什么大不了的事，过两天你就不会再把它放在心上了。抱着这样的心理，你就完全可以用豁达的态度去处理冲突，从而使大事化小，小事化了。

四是大自然中充满了美好的事物，"秋至满山多秀色，春来无处不花香"，因此，人们在日常生活中应该尽量减少对名利的欲望，对成败的执着，多去欣赏大自然的美景，以愉悦自己的心灵，陶冶自己的情操。

五是考察一个人要看他的真才实学，而不能看他的外表长相，即所谓"凡人不可貌相"，因为人的长相好坏跟能力高低并无必然的联系。那么，一个人的长相与其内心究竟是怎样的一种关系呢？通常情况下，一个相貌堂堂、外表阳光的人，他的内心也会比较健康；而一个长相猥琐、贼眉鼠眼的人，他的内心通常会比较阴暗。但这只是泛泛而言，作不得准。事实上，要根据一个人的长相去判断他的内心，是极其困难的，因为即使像孔子那样的圣人，也在这上面犯过错误。据《史记·仲尼弟子列传》载，澹(tán)台灭明，字子羽，长相丑陋。他想拜孔子为师,孔子认为他很平庸。后来,澹台灭明经过刻苦学习,学业大进,有弟子三百人,且在诸侯中享有名声。孔子知道后,感慨地说:"以貌取人,失之子羽。"意即自己根据长相来判断人,结果在子羽身上造成失误。因此,要真正认识一个人,还是要通过周密的考察,既要听其言,也要观其行,而外貌长相则是较为次要的方面。

74 清清之水为土所防①，济济②之士③为酒所伤。蒿草④之下，或⑤有兰香⑥；茅茨(cí)之屋⑦，或有侯王⑧。无限朱门⑨生饿殍(piǎo)⑩，几多⑪白屋⑫出公卿⑬。

【译文】

清澈的水被土挡住，众多的士人被酒伤害。蒿草的下面，或许会有兰草；茅屋里面，也许住着侯王。无数出身豪富之家的人成了饿死鬼，多少平民人家中出了达官贵人。

【注释】

①防：堵塞；挡住。　②济济：形容人多。　③士：对人的美称。　④蒿草：草名。有青蒿、白蒿等数种。　⑤或：也许。　⑥兰香：即泽兰，多年生草本植物，叶卵形，边缘有锯齿，秋末开白色花，有香气，可供观赏。也叫兰草。　⑦茅茨之屋：即茅屋，用茅草盖的房屋。　⑧侯王：泛指诸侯，古代帝王统辖下的列国君主的统称。　⑨朱门：红漆的大门，旧时借指豪富人家。　⑩饿殍：饿死的人。　⑪几多：多少。　⑫白屋：不加涂饰、露出木材的房屋，古代为平民所居。　⑬公卿：泛指高官。

【解读】

本段文字主要包含以下两层意思。

一是说明了酒的危害，即"济济之士为酒所伤"。众所周知，酒能促进血液循环，而且，在交际场合，酒还有调节气氛、增进友谊的作用。然而，过度饮酒则不但会影响身体健康，还会造成诸多难以预料的后果。因为过量的酒精会严重刺激大脑，使人失去理智，从而做出种种令人后悔的事情。据史载，夏朝的末代帝王夏桀(jié)、商朝的末代帝王商纣(zhòu)，都曾设酒池肉林，饮酒无度，且酒后失德，最终导致王朝的灭亡。当代社会造成交通事故频发的一个重要原因，就是一些司机酒后驾车。因此，少饮酒、不酗酒应当成为人们的共识。

二是富贵或贫穷不是一成不变的，它们处在不断的变化之中。通常说来，造成一个人富贵或贫穷的因素主要有三个。一个是出身，有的人生长在富贵之家，有的人生长在贫穷之家，这是天生的，个体没有选择的余地。一个是个人的因素：一个出身贫穷的人，通过自身的积极努力,成为富贵之人;或一个出身富贵的人,因为挥霍浪费,不求上进,最后成为穷人。一个是环境的影响,如爆发农民起义或战争时,许多权贵成为阶下囚,而贫穷百姓则成了国家的主人。在上述造成富贵或贫穷的三个因素中,第一和第三个因素具有不可控性,因此,真正值得我们重视的是第二个因素,即个人奋斗。当然,上述三个因素也不是孤立的,它们有时是重叠的,因为人是环境的产物,个人奋斗的成败与环境密切相关。在中国历史上,通过个人奋斗而由贫穷变成富贵的人不计其数,如刘邦从一个小小的亭长,变成了汉朝的开国皇帝;韩信从一个朝不保夕的穷苦之人,成为一方诸侯;公孙弘从一个牧猪之人,成为汉朝的丞相。至于隋唐以后通过科举考试由平民成为朝廷重臣的人,更是不胜枚举。因此,"茅茨之屋,或有侯王","无限朱门生饿殍,几多白屋出公卿","昔日王谢堂前燕,飞入寻常百姓家","富不过三代",这些话都告诉我们,没有永远的富贵之家,也没有永远的贫贱之家,而奋发努力,自强不息,则是由贫穷通向富贵的重要而正当的途径。

75 醉后乾坤①大,壶中日月②长。万事皆已定,浮生③空自④忙。千里送毫毛⑤,礼轻情义⑥重。一人传虚,百人传实。世事明如镜,前程⑦暗似漆。光阴较金为贵⑧,一世如驹过隙⑨。良田万顷⑩,日食一升;大厦千间,夜眠⑪八尺。千经万典,孝义⑫为先。

【译文】

人喝醉后会发现天地很大,神仙世界里的日子很漫长。万事都早已在命中注定,人生不过是徒劳地忙碌一场。从千里之外送来一根毫毛,礼物虽轻但情义很重。一个人传说虚假的事情,经上百人相传后就被认为是真实的。对世上的事情看得像明镜一样透彻,自己的前途却像漆一样黑暗。光阴比黄金还要宝贵,人的一生就像骏马飞快地驰过缝隙,转瞬即逝。拥有万顷良田,每天也就只吃一升粮食;拥有千间大厦,夜里睡觉时所占的地方也不过八尺大小。在各种经典中,排在首位的就是行孝重义。

【注释】

①乾坤:天地。 ②壶中日月:指道家的生活或神仙世界里的日子。 ③浮生:指人生。因为人生在世,漂浮不定,故称。 ④空自:徒然;白白地。 ⑤毫毛:人或鸟兽身上的细毛,比喻极小或极少之物。有的本子作"鹅毛"。 ⑥情义:人与人之间应有的感情。有的本子作"仁义",仁义指仁爱和正义,用在这里意思上不通顺。 ⑦前程:前途。 ⑧光阴较金为贵:光阴比黄金还要宝贵。光阴:时间;岁月。有的本子作"光阴黄金难买";有的本子没有该句。 ⑨一世如驹过隙:一生就像骏马飞快地驰过缝隙。一世:一生;一辈子。驹:少壮的马。有的本子作"人生一世,如驹过隙"。 ⑩顷:地积单位,100亩等于1顷,1市顷约合66667平方米。 ⑪眠:睡觉。 ⑫孝义:行孝重义。

【解读】

本段文字主要包含以下八层意思。

一是介绍了喝酒的功效:喝醉以后会觉得天地十分宽广,借酒度日会觉得时间十分漫长。在《增广贤文》一书中，有不少段落涉及饮酒，由此可以发现编者对于饮酒的态度，首先是提倡饮酒，认为该饮酒时就得饮酒，如第 6 段中说："相逢不饮空归去，洞口桃花也笑人"；第 53 段中说："遇饮酒时须饮酒，得高歌处且高歌"；第 67 段中说："座中客常满，杯中酒不空"。其次是不反对喝醉酒，认为醉酒不仅能使人消愁，还会带给人奇妙的体验，如第 33 段中说："今朝有酒今朝醉，明日愁来明日忧"；第 34 段中说："三杯通大道，一醉解千愁"；本段中说："醉后乾坤大，壶中日月长"。不过编者对醉酒也持矛盾的态度，如第 16 段中说："若要断酒法，醒眼看醉人"；第 33 段中说："药能医假病，酒不解真愁"。再次是说明了喝酒时的一些讲究，如第 2 段中说："酒逢知己饮"；第 17 段中说："酒中不语真君子"；第 34 段中说："有花方酌酒"；第 46 段中说："莫吃卯时酒，昏昏醉到酉"；等等。充分反映了酒在中国古代社会生活中所处的重要地位，以及人们喝酒的情趣，可为我们现代人如何对待饮酒提供很好的借鉴。

需要说明的是，对于"壶中日月长"一句，可作两种理解：一种是把壶理解为酒壶，该句指借酒度日会发现时间很漫长。一种是以"壶中日月"指道家生活或神仙世界。据《后汉书·费长房传》载，东汉时，费长房曾担任管理市场的官员，他在市场中看到一个卖药的老翁，在摊位上挂一个小小的药壶，每当散市后，他便跳入这个药壶中休息。此老翁自名壶公，费长房知道他不是普通人，便向他拜师学道，后来费长房也成了神仙。另据《云笈（jí）七签》卷二八引《云台治中录》："施存，鲁人。……常悬一壶如五升器大，变化为天地，中有日月，如世间。夜宿其内，自号壶天，人谓曰壶公。"即有一个名叫施存的人，他有一个壶，看上去像一个能装五升东西的器具，但壶中却另有一番天地。施存晚上在壶中住宿，自称壶天，人们称他为壶公。后以"壶天"代指仙境、仙界。

二是认为人的一生都是命中注定的，因此，人们忙忙碌碌，其实都是徒劳的，即所谓"万事皆已定，浮生空自忙"。这种思想，前面已多有论及，这里就不再赘述了。

三是不要计较别人送来的礼物的轻重，因为不管礼轻礼重，代表的都是送礼之人的一片心意，即所谓"千里送毫毛，礼轻情义重"。"千里送毫毛，礼轻情义重"两句本于宋代邢俊臣的《临江仙·巍峨万丈与天高》，原作"物轻人意重，千里送鹅毛"。

四是不要以讹传讹，因为有时候"一人传虚，百人传实"，谎言传播百遍,也会被认为是真理。一种错误的说法,当你第一次听到时,你肯定不会相信,但是,当不断有人向你说这是真的的时候,你就会渐渐怀疑甚至否定自己原来的判断。据《战国策·秦策》载,曾子名参(shēn),是孔子的弟子,以孝著称。一次,有个和他同名同姓的人杀了人。有人误以为是曾子,赶紧去告诉他的母亲。曾子的母亲正在织布,听说以后,毫不在意,说:"我的儿子不会去杀人。"过了一会儿,又有一个人来告诉她曾子杀了人,她仍不相信。过了一会儿,又有人来告诉她曾子杀了人,她就赶快扔下梭子,爬墙逃跑了。这个故事说明,当谎言广泛传播时,它的影响力是很大的,很少有人能在流传的谎言面前保持清醒的头脑。因此,针对这种情况,最好的应对办法,就是在谎言刚产生时就加以制止,不给它传播的机会。

五是一个人的才学与他的处境并无必然的联系。也就是说,一个才华横溢的人,一个对世事有透彻认识的人,不一定就能过上富裕的生活,他也许会在穷困潦倒中度过一生。如陶渊明文才出众,不为五斗米折腰,对世事看得极为透彻,最后却在贫病交加中死去。类似的例子还有很多。分析其中的原因,或如苏东坡所言"聪明反被聪明误",但根本的原因还在于古代社会缺乏一种把才学转化成财富的有效机制。

六是人生苦短:"一世如驹过隙",所以必须珍惜时间:"光阴较金为贵"。类似的思想在前面已多有表述,故在此亦不再赘述。

七是要知足知止。因为一个人所能享用的东西是很有限的,正如"良田万顷,日食一升;大厦千间,夜眠八尺",你拥有再多的财富,也不可能一个人独自享用,既然如此,又何必去追求那么多的财富呢?所以,人应该知足,只要能确保衣食无忧,就不要过分执着于对财富的追求,这样,你就能达到自满自足、自得其乐的境界。

八是强调了"孝义"的重要性,即"千经万典,孝义为先"。孝即孝顺父母,义即正义,它们都是儒家推崇的重要原则。尤其是其中的孝,更是被儒家视作一切道德的根本。如《论语·学而》中说:"孝悌(tì)也者,其为仁之本与!"即孝敬父母,尊敬兄长,就是仁道的基础。《孝经·三才章》中说:"夫孝,天之经也,地之义也,民之行也。"即孝是天经地义的,是人类最为根本首要的品行。在中国古代,有一本广泛流传的书,叫作《二十四孝》,书中介绍了舜、曾子、汉文帝等历史上二十四个尽孝的典型人物,它对于劝导人们尽孝,起到了极大的示范作用。即使在当代,孝仍然是受到人们普遍认同的美德。

76 一字①入公门②，九牛拖不出。衙门③八字开，有理无钱莫进来。富从升合（gě）④起，贫因不算来。家中无才子，官从何处来。

【译文】

一张状纸送进衙门，即使用九头牛也拉不回来。官府的大门呈八字状打开，有理但没有钱的人不要进来。富裕是靠一升一合积累起来的，贫穷是因为没有精打细算造成的。家中没有才子，怎么可能有人做官呢？

【注释】

①一字：指一张状纸。

②公门：官府；官署。

③衙门：旧时官吏办事的地方。

④升合：一升一合，比喻数量极少。也借指少数米粮。合：市制容量单位，10 勺等于 1 合，10 合等于 1 升。

【解读】

本段文字主要包含以下四层意思。

一是不要轻易打官司，因为"一字入公门，九牛拖不出"，只要把一张状纸递进衙门，从此便麻烦缠身，无从摆脱。这一方面固然与古代官府的黑暗有关，另一方面亦因为打官司本身就是极其麻烦的事情，涉及人证、物证、人际关系等一系列的问题。所以，能不打官司就不打官司，这是古人的一个共识。而提倡"为政以德"（《论语·为政》）的孔子，则更是把社会上没有诉讼案件作为自己的治国理想，如《论语·颜渊》中孔子说："听讼，吾犹人也。必也使无讼乎！"意即审理诉讼，我与别人的水平差不多。一定要使社会上没有诉讼才好。

二是一个人想要获得官府的支持，想要赢得官司，就必须有钱。中国古代社会实行人治，官司的输赢由官员说了算。古代虽然也有法律条文，但是因为缺乏有效的监督，这些条文常常只是一种摆设，而官员本人的好恶、偏向则往往成为影响判决的重要因素。那么什么东西能影响官员的好恶、偏向呢？其中最重要的当然就是钱。因此，一个有钱人犯了罪，只要他肯花钱贿赂官员，便很有可能大事化小，小事化了；相反，普通百姓如果不给官员送钱，那么即使你再有理，也有可能在打官司时失败。所以《增广贤文》说："衙门八字开，有理无钱莫进来。"之所以说"衙门八字开"，是因为古代官府都是坐北朝南的建筑,两扇大门打开时,宛如"八"字。

三是富裕或贫穷有时候也取决于一个人不同的生活态度,如果懂得慢慢积累,从"一升一合"开始,便会逐渐富裕起来;相反,如果不会计划,不该花的钱乱花,可以少花的钱多花,那你就只配做一个穷人。这种观点,与前面常常把富裕与贫穷看作命中注定不同,强调了人的后天努力的作用,体现出了积极的意义。

四是认为只有有才的人才能当官,因此,如果想要家里出官员,家中就必须有才子。这种观点,与中国古代通过科举选拔官员密切相关。中国古代自隋唐开始实行科举制以后,官员队伍主要由科举及第的人员组成。而一个人想要在科举考试中被录取,就必须有才,因此,如果家里没有有才的读书人,当然就不可能有机会去当官,故说"家中无才子,官从何处来"。

77 万事不由人计较①，一身都是命②安排。急行慢行，前程③只有许多④路。人间私语⑤，天⑥闻若雷；暗室⑦亏心⑧，神目⑨如电。一毫⑩之恶，劝人莫作；一毫之善，与人方便。亏⑪人是祸，饶⑫人是福；天眼⑬恢恢⑭，报应⑮甚速。圣贤言语，神钦⑯鬼伏。

【译文】

万事都由不得人来计划打算，一切都是命中安排注定的。不管你急走还是慢走，前面都只有这么长的路。人们互相之间说的悄悄话，在上天听来就像打雷一样响亮；在私下里做的亏心事，在神看来就像闪电照耀下一样清楚。极小的恶事，劝人不要去做；极小的善事，也要给别人提供方便。亏待别人是灾祸，宽恕别人是福气；天眼广大无比，报应十分迅速。圣贤所说的话，神和鬼都很敬服。

【注释】

①计较：打算；谋划。　②命：命运，迷信的人指一生注定的生死、贫富和一切遭遇。　③前程：前途。　④许多：若干；多少。　⑤私语：私下谈话；低声说话。　⑥天：迷信的人指宇宙中万物的主宰者。　⑦暗室：幽暗的内室；黑暗无光的房间。特指别人看不见的地方。　⑧亏心：负心；违背良心。这里指违背良心的事。　⑨目：看。　⑩一毫：一根毫毛，也比喻极微小的事物。　⑪亏：亏待，待人不公平或有所欠缺。有的本子作"欺"。　⑫饶：宽恕。　⑬天眼：佛教所说的五眼之一，又称天趣眼，能透视六道、远近、上下、前后、内外及未来等。　⑭恢恢：形容非常广大。　⑮报应：佛教用语，原指种善因得善果，种恶因得恶果。后来多指种恶因得恶果。　⑯钦：敬佩；佩服。

【解读】

本段文字主要包含以下三层意思。

一是人一生的富贵祸福、得失成败都是命中注定的，人力无法改变，即所谓"一身都是命安排""急行慢行，前程只有许多路"。这种观点，在前面已多次出现，可参看第11段、第49段等中的"解读"。

增广贤文

二是上天、神鬼监视着人的一言一行，无论多么私密的话、多么隐秘的行为，上天、神鬼都知道得一清二楚，并最终会根据每个人的所作所为作出相应的赏罚，即所谓"天眼恢恢，报应甚速"。因此，人应该心存善念，多做善事，"一毫之恶，劝人莫作；一毫之善，与人方便"。利用神通广大的天和神鬼的力量来劝人为善，是中国传统文化的一个重要特点。早在商周时期，人们就认为天有赏善罚恶的功能。在先秦经典《墨子》一书中，就有《天志》《明鬼》等篇章，认为上天有意志，鬼神很灵验，不管是什么人，只要你残害无辜，就逃不脱神鬼的惩罚。在成书于宋代末年的《太上感应篇》中，更是明确指出："祸福无门，惟人自召；善恶之报，如影随形"，"天地有司过之神，依人所犯轻重，以夺人算"。这种观点，在今人看来，当然属于迷信，但它对于提高古人的道德水平，维护社会的安定，却产生了非常明显的作用。现代人讲求科学，否定神鬼的存在，由此也导致一些人天不怕地不怕，作奸犯科，无所顾忌，社会的整体道德水平严重下滑。因此，在当今社会，如何让人们心存敬畏，诸恶莫作，众善奉行，是一个十分迫切的课题。

三是强调了圣贤言语的价值和作用，认为连鬼神都对圣贤言语十分敬服，作为普通的人类，当然就更要遵奉圣贤言语了。圣贤言语之所以有重要的价值，主要是因为它们深入揭示了自然界和社会生活的内在规律，总结了一系列人生的智慧和价值准则，对于人们趋吉避凶、走向成功有很好的指导作用。故《论语·季氏》中记载孔子说："君子有三畏：畏天命，畏大人，畏圣人之言。"即君子有三项敬畏：敬畏天命，敬畏大人物，敬畏圣人讲的话。明确把圣人的话与天命并列，作为人们必须敬畏的对象。

78 人各有心,心各有见①。口说不如身②逢,耳闻不如目见。养军千日,用在一朝(zhāo)③。国清④才子贵,家富小儿骄⑤。利刀割体痕易合,恶语伤人恨不消。公道世间唯白发,贵人头上不曾⑥饶⑦。

【译文】

每个人都有自己的心,每个人的心都有自己的意见。嘴上说不如亲身去经历,耳朵听到不如亲眼看到。长时间供养和训练军队,是为了一旦需要打仗时使用。国家政治清明,有才能的人就受到尊重;家庭富裕了,小孩子就容易娇生惯养。锋利的刀割破身体,伤口容易愈合;用恶毒的话伤害别人,造成的仇恨却不易消除。世上最公道的只有白头发,在达官贵人的头上照样生长。

【注释】

①见:看法;意见。
②身:自身;自己。
③一朝:一时;一旦。
④清:指政治清明。
⑤骄:通"娇",指宠爱、娇惯。
⑥不曾:没有。
⑦饶:宽容;宽恕。

【解读】

本段文字主要包含以下五层意思。

一是人们对事物的认识和观点不可能完全相同,而是存在"心各有见"的状况,这当然与每个人的智力水平、所处的环境和立场等各不相同密切相关。不过,说不同的人对事物有不同的认识,这只是问题的一个方面,还存在另外一个方面,就是从总体上来说,人们在许多问题上往往会有相同的认识,如《孟子·告子上》中说:"口之于味也,有同耆(shì)焉;耳之于声也,有同听焉;目之于色也,有同美焉。至于心,独无所同然乎?心之所同然者何也?谓理也,义也。"意即口对于味道,有相同的嗜好;耳对于声音,有相同的听觉;眼睛对于容貌,有相同的美感。而人的内心也有相同的地方,这就是对理和义的认同。因此,既看到人们对事物有不同的认识,又看到人们在许多问题上具有相同的认识,这才是人们对事物认识上的客观的、完整的观点。

二是强调认识事物时亲身经历、目睹的重要性,即"口说不如身逢,耳闻不如目见"。这两句话出自《资治通鉴·唐纪·睿宗二年》:"右补阙(quē)辛替否上疏,以为:'自古失道破国亡家者,口说不如身逢,耳闻不如目睹。'"意即右补阙辛替否向皇帝上疏,指出:"自古以来对于因为君主无道而造成国破家亡的教训,嘴上说不如亲身经历,耳朵听到不如亲眼看到。"为什么要强调亲身经历、目睹的重要性呢?这是因为,如果光凭别人的讲述来认识事物,一方面是你的体会不会很深,另一方面是别人的讲述不一定完整、准确。用哲学上的话来说,"口说""耳闻"都属于间接经验,"身逢""目见"则属于直接经验,间接经验当然比不上直接经验。

　　三是只有国家政治清明,人才才能真正受到重用,即所谓"国清才子贵"。人才对于国家建设的重要作用是不言而喻的,然而,却并不是所有的人才都能真正受到重用,世上怀才不遇之人数不胜数。究其原因,固然是因为"千里马常有,而伯乐不常有",缺乏真正识才之人,更主要的原因却是社会上缺乏选才、用才的机制。因为与人才相对的是庸人,庸人一旦掌权,就会想方设法排挤人才;而等到人才被排挤殆尽,整个国家必然陷入无序的状态,此时若恰遇外敌入侵,则亡国之祸随时都会发生。明朝末年,阉人魏忠贤当权,大肆迫害正直之士,就属于这种情况。因此,在中国历史上,只有等到雄才大略之主掌握政权,充分认识到人才的价值,并出台一系列选拔和运用人才的政策,人才才能真正受到重用,如东汉末年曹操发布求贤令,提倡唯才是举,从而形成了朝中人才济济的局面。

　　四是在人际交往中切忌口出恶言,因为恶语伤人会结下难解的冤仇。人生活在社会中,难免与他人发生矛盾纠纷,当一个人与他人发生争执时,为了图一时之快,最容易恶语相向,或对对方破口大骂,或大揭对方隐私,从而使矛盾迅速激化,甚至使昔日的朋友变成仇人。故《增广贤文》中说"利刀割体痕易合,恶语伤人恨不消",认为伤人的恶语比用利刀割人身体造成的伤害还要厉害,因此在日常生活中,我们一定要引以为戒。

　　五是时间是最公正的,所有的人,不管你是位高权重的,还是富可敌国的,最终都会有衰老乃至死亡的一天,即所谓"公道世间唯白发,贵人头上不曾饶"。正因为人都会有衰老死亡之时,所以世人有明显不同的三种人生态度。一种是及时行乐,因为既然人生只有短短几十年,生命只有一次,那就及时行乐吧,切莫辜负了这短暂的时日。一种是顺其自然,既然衰老死亡无可避免,那就该怎么过就怎么过,人只有无奈地等待大限来临。一种是企求长生不死,如秦始皇、汉武帝等皇帝,就曾听信一些方士的蛊惑,派人去寻找所谓的不死之药,这当然不过是异想天开的闹剧罢了。不过,除了上述三种态度,还有一种值得我们重视的态度,那便是奋发有为,积极为社会作贡献,努力使自己有限的生命价值最大化。孔子所说的"发愤忘食,乐以忘忧,不知老之将至"(《论语·述而》),便属于此种人生态度。

需要说明的是,本段文字中的"养军千日,用在一朝""家富小儿骄"等语,都是十分简单明白的道理,故在此就不对它们展开论述了。

79 有钱堪①出众②,无衣懒出门。为官须作相③,及第④早争先。苗从地发⑤,树向枝分。父子和而家不退⑥,兄弟和而家不分。

【译文】

有钱就能使人与众不同,没有好的衣服就懒得出门。做官就要做宰相,要尽早在科举考试中争取最好的名次。幼苗从地里长出来,树长大后就分出枝条。父子和睦家道就不会衰落,兄弟和睦就不会分家。

【注释】

①堪:能;可以。 ②出众:超出常人;与众不同。 ③相:宰相,我国古代辅助君主掌管国事的最高官员的通称。 ④及第:科举时代考试中选,特指考取进士,明清时代只用于殿试前三名。 ⑤发:繁育;生长。 ⑥家不退:指家道不会衰落。

【解读】

本段文字主要包含以下三层意思。

一是指出了有钱人和穷人两种明显不同的生活态度。有钱的人因为有充裕的财富可供支配,有光鲜的衣着和排场,所以愿意出现在大庭广众之中,喜欢在别人面前高谈阔论。而没有钱的人因为衣着寒酸,囊中羞涩,如果出现在大庭广众的场合,只会招来别人的鄙视或讥嘲,所以只好闭门不出。这便是所谓的"有钱堪出众,无衣懒出门"。有一个典故叫"锦衣夜行",说的便是"有钱堪出众"的道理。据《史记·项羽本纪》载:"项王见秦宫室皆以烧残破,又心怀思欲与归,曰:'富贵不归故乡,如衣绣夜行,谁知之者!'"秦朝被推翻后,项羽命人烧毁了咸阳的宫殿,准备率众回到故乡,说:"一个人富贵后不回到故乡,就像穿着精美的丝绸衣服在黑夜中行走,有谁知道他呢!"由此可见,一个人富贵后,通常都是喜欢向众人显示、炫耀的。

二是要力争上游,当官就要当大官,参加考试就要拔头筹,即所谓"为官须作相,及第早争先"。宰相在中国古代是一人之下、万人之上的最高官员,手握重权,所以是所有官场中人的追求目标。在明清时期,"及第"指科举考试时考中状元、榜眼或探花,这也是读书士子们梦寐以求的目标。因此,这里是指出做人必须有追求,正如不想当将军的士兵不是好士兵，不想当宰相的官员也不是好官员。

三是提倡家庭和睦，因为只有父子、兄弟之间和睦相处，家业才能兴旺，家族才能壮大。在中国古代，通常把四世同堂、兄弟不分家视为治家有方、家庭和睦的标志，因此，历史上曾经出现过数百人甚至上千人聚居一处的家庭，而且这样的家庭常常能受到朝廷的表彰。"苗从地发，树向枝分"，则是比喻家庭的成员再多，也是来自同一个祖先，告诫人们不要忘本。关于劝告兄弟之间不要分家，在《续齐谐记·紫荆树》中记载了这样一个故事：田真兄弟三人要分家，院子里有一棵紫荆树，也准备把它一分为三，谁知这棵紫荆树突然就死了。兄弟三人受到触动，便决定不再分家，这棵紫荆树竟又活了过来。故后用"紫荆"或"三荆"指兄弟不分家，团结友爱。

80 官有公法①,民有私约②。闲时③不烧香,急时抱佛脚④。幸生太平无事日,恐逢年老不多时。国乱思良将,家贫思贤妻。

【译文】

官府有国法,民间有私下订立的契约。没有事情的时候不烧香拜佛,等到危急之时才抱着佛脚恳求。庆幸的是生活在太平无事的日子,担心的是到了年老而所剩日子不多的时候。国家动乱时期待有良将,家里贫穷时希望有贤惠的妻子。

【注释】

①公法:国法。有的本子作"正条"。 ②私约:私下订立的契约。 ③闲时:没有事情的时候。 ④抱佛脚:指事前无准备而临时慌忙应付。

【解读】

本段文字主要包含以下四层意思。

一是做任何事情都需要讲求规则,如治理国家要有法律,民间的交易要有私下商定的契约,即使是玩游戏,也要有游戏规则。中国古代长期以儒家思想为正统的统治思想,儒家思想的核心是提倡德治,即用道德治国,它认为法治不是好的治国策略,因为法治培养不了老百姓的道德意识。但是,学者们大多认为,中国封建社会虽然提倡德治,但法律在治国中仍发挥着十分重要的作用,他们把这种现象称为"阳儒阴法",即表面上以儒家的德治思想治国,实际上遵行的却是法家思想。由此即可看出法律在治理国家时的重要作用。

二是做事情要有远见,要预作准备,不要事到临头再去想办法,即所谓"闲时不烧香,急时抱佛脚"。关于"抱佛脚",唐代孟郊的《读经》诗中有这样的句子:"垂老抱佛脚,教妻读《黄经》。"指人到了年老才信佛,未免太晚了。因此,"抱佛脚"有临渴掘井之意。不过,明代张谊的《宦游纪闻》却对"抱佛脚"有另一番解释:"云南之南一番国,其俗尚释教,人有犯罪应诛者,其国主捕之,其人恐,急奔往某寺中抱佛脚,知悔过,愿削发为僧,不敢蹈前非。主许之,竟贳(shì)其罪。……俗谚曰'闲时不烧香,急来抱佛脚',盖本诸此。"意思是:在云南之南有一个外族国家,人们都信奉佛教,有一个人犯罪应判死刑,国君派人追捕,这个人十分害怕,急忙跑入某个寺庙,抱住佛像的脚,表示自己愿意悔过,并愿意削发为僧,以后不敢再犯罪。国君竟然因此赦免了他的罪行。故俗话所说的"闲时不烧香,急来抱佛脚",大概是出自这个故事。这种说法可以作为参考。

三是留恋太平无事的生活。"幸生太平无事日,恐逢年老不多时"两句,包含两个方面的意思,一方面,能生活在太平无事的时代,这是十分值得庆幸的事,之所以这么说,当然与中国历史上战乱频仍、天灾人祸不断有十分密切的关系。有一句话叫"宁做太平犬,不做乱世人",便深刻揭示了乱世之人的悲惨生活,竟然活得连狗都不如。另一方面,人在太平无事的日子里能衣食无忧,享受天伦之乐,这时候最怕的就是人已到老年,离死亡不远,这样的享受很快就要到头。但是人生就是如此,"人有悲欢离合,月有阴晴圆缺,此事古难全",因此,这里表达的是编者既庆幸、满意而又无奈、不舍的心态。

四是一些人往往平时不注重人才,等到陷于困境时才发现人才的重要性。"国乱思良将,家贫思贤妻"实际上即意味着:国家无事时不思良将,家庭富裕时不在乎妻子是否贤惠。据《史记·魏公子列传》载,战国时期,秦国攻打赵国,赵国向魏国求援,魏王不发兵。魏国的信陵君偷来魏王的兵符,发兵救赵。魏王因此怨恨信陵君。信陵君怕受惩罚,也只好留在赵国,不敢回魏国。后来,秦国攻打魏国,魏王抵御不住,便想到了信陵君的作用,于是派人去请信陵君。信陵君回到魏国,魏王封他为上将军,其他诸侯国纷纷发兵援助魏国,秦军见状,只好撤退。在这个故事中,信陵君即是魏国的良将,在魏国安定时,魏王不需要信陵君,等到魏国被秦国攻打,魏王才认识到信陵君的价值。因此,这是一个典型的"国乱思良将"的例子。

▲ "国乱思良将",说明只有在国家面临危险时,良将才受到重视。据《史记》记载,魏国的信陵君是"战国四君子"之一,他因为在秦国攻打赵国时,偷窃魏王的兵符去救援赵国而为魏王所恨,只好客居赵国。后来,秦国攻打魏国,魏王抵御不住,便只好去赵国礼请信陵君回国,此可谓是"国乱思良将"的典例。而信陵君之所以会窃符救赵,是一位名叫侯嬴的人给他出的主意。此为清代吴历绘制的"人物故事图",描绘了信陵君向侯嬴请教的情形。

81 池塘积水①须②防旱,田地深耕足养家。根深不怕风摇动,树正何愁月影斜。奉劝君子③,各宜④守己⑤。只此呈示⑥,万无一失⑦。

【译文】

池塘里蓄水是要防止干旱,把田地深耕就足以养活全家。树根扎得很深就不怕大风来摇动,树身长得很直又何必担心月下的树影倾斜。奉劝各位君子,大家都应该安守本分。只要按照这样去做,就肯定不会有差错。

【注释】

①积水:聚水。 ②须:需要。 ③君子:对人的尊称。 ④宜:应该。 ⑤守己:指安守本分,不做超出本分的事。 ⑥呈示:呈现。有的本子作"程式"。 ⑦万无一失:绝对不会出差错。

【解读】

本段文字主要包含以下三层意思。

一是凡事要早作准备,尤其是靠天吃饭的农民,更要懂得合理利用自然资源,平时把池塘挖深,把水蓄积起来,这样遇到干旱的时候就可用来浇地;在耕种时,要做到深耕,以充分发挥地力,确保粮食丰收,这样,就不用为吃饭问题担心了。

二是指出了自身端正、根基深厚的重要性,对此,《增广贤文》以树作喻:树根如果扎得很深,就不怕风来摇动它;树身如果长得很直,就不用担心月下的影子倾斜。其实人也一样,如果根基扎实,就能经受住各种考验;如果为人正直,就不怕别人的抹黑、诬蔑。据《论语·子张》载,孔子去世后,叔孙武叔诋毁孔子,对此,孔子的弟子子贡说:"无以为也!仲尼不可毁也。他人之贤者,丘陵也,犹可逾也;仲尼,日月也,无得而逾焉。人虽欲自绝,其何伤于日月乎?多见其不知量也。"意即不要这么做,孔子是不能诋毁的。别人的贤能,就像丘陵一样,还是可以逾越的;仲尼,则与太阳、月亮一样,是无法逾越的。一个人即使要自绝于太阳和月亮,对太阳和月亮又能造成什么伤害呢?只是显示他不自量力罢了。孔子在历史上曾受到不少攻击,如秦始皇时"焚书坑儒",儒家经典被焚毁,孔门弟子惨遭迫害;20世纪初一些学者提出"砸烂孔家店",孔子成为近代中国落后的替罪羊;等等。然而,时至今日,孔子仍以圣人的形象屹立于世。原因何在呢?就在于"根深不怕风摇动,树正何愁月影斜",孔子巨大的人格魅力、思想成就铸就了他在中国历史上无法撼动的伟人地位。

　　三是说明了《增广贤文》一书的价值:只要按书中所说的去行事,便会"万无一失"。应该说,《增广贤文》为我们展示了为人处世的道理,待人接物的原则,应对事变的智慧,确实有很重要的启迪意义和实用价值。但是,需要指出的是,《增广贤文》中所说也并非都是真理,有些内容并不适合现代社会,有些内容则明显是错误的,如贯穿全书的命定论思想,消极避世的态度,过于圆滑的处世手段,等等,这些都是需要予以摒弃的。

附录：
《增广贤文》名言索引

B

白酒酿成缘好客，黄金散尽为收书。　第19段

百世修来同船渡，千世修来共枕眠。　第47段

不求金玉重重贵，但愿儿孙个个贤。　第47段

不以我为德，反以我为仇。　第29段

不因渔父引，怎得见波涛。　第54段

C

差之毫厘，失之千里。　第26段

长江后浪推前浪，世上新人赶旧人。　第9段

常将有日思无日，莫把无时当有时。　第42段

成事莫说，覆水难收。　第30段

城门失火，殃及池鱼。　第19段

痴人畏妇，贤女敬夫。　第21段

从俭入奢易，从奢入俭难。　第60段

D

大抵选他肌骨好，不傅红粉也风流。　第35段

但存方寸地，留与子孙耕。　第63段

但将冷眼看螃蟹，看你横行到几时。　第39段

但行好事，莫问前程。　第61段

道吾好者是吾贼，道吾恶者是吾师。　第45段

得宠思辱，居安虑危。　第39段

得忍且忍，得耐且耐；不忍不耐，小事成大。　第65段

点石化为金，人心犹未足。　第60段

读书须用意，一字值千金。　第3段

E

儿孙自有儿孙福，莫为儿孙作马牛。　第32段

F

凡人不可貌相，海水不可斗量。　第73段

逢人且说三分话，未可全抛一片心。　第4段

父母恩深终有别，夫妻义重也分离。人生似鸟同林宿，大限来时各自飞。　第37段

父子和而家不退，兄弟和而家不分。　第79段

富从升合起,贫因不算来。　第76段

G

根深不怕风摇动,树正何愁月影斜。
　　第81段
公道世间唯白发,贵人头上不曾饶。
　　第78段
古人不见今时月,今月曾经照古人。
　　第10段
观今宜鉴古,无古不成今。　第1段
官清司吏瘦,神灵庙祝肥。　第43段
光阴似箭,日月如梭。　第55段
国乱思良将,家贫思贤妻。　第80段
国清才子贵,家富小儿骄。　第78段

H

蒿草之下,或有兰香;茅茨之屋,或有侯王。
　　第74段
好事不出门,恶事传千里。　第28段
好学者如禾如稻,不学者如蒿如草。
　　第53段
红粉佳人休使老,风流浪子莫教贫。
　　第6段
虎生犹可近,人熟不堪亲。　第13段
画虎画皮难画骨,知人知面不知心。
　　第4段
黄河尚有澄清日,岂可人无得运时。
　　第38段
黄金未为贵,安乐值钱多。　第56段
黄金无假,阿魏无真。　第7段

会使不在家豪富,风流不用着衣多。
　　第55段

J

击石原有火,不击乃无烟。　第50段
积金千两,不如明解经书。　第17段
记得少年骑竹马,看看又是白头翁。
　　第67段
既堕釜甑,反顾无益。已覆之水,收之实难。
　　第58段
假饶染就真红色,也被旁人说是非。
　　第40段
见善如不及,见恶如探汤。　第72段
将相顶头堪走马,公侯肚里好撑船。
　　第49段
结交须胜己,似我不如无。　第24段
今朝有酒今朝醉,明日愁来明日忧。
　　第33段
近来学得乌龟法,得缩头时且缩头。
　　第31段
近水楼台先得月,向阳花木早逢春。
　　第9段
近水知鱼性,近山识鸟音。　第3段
久住令人贱,频来亲也疏。　第16段
酒逢知己饮,诗向会人吟。　第2段
酒债寻常行处有,人生七十古来稀。
　　第42段
酒中不语真君子,财上分明大丈夫。
　　第17段

救人一命,胜造七级浮屠。　第19段

君子爱财,取之有道;贞妇爱色,纳之以礼。
　　第51段

君子安贫,达人知命。　第68段

君子固穷,小人穷斯滥矣。　第29段

K

口说不如身逢,耳闻不如目见。　第78段

枯木逢春犹再发,人无两度再少年。
　　第48段

亏人是祸,饶人是福;天眼恢恢,报应甚速。
　　第77段

L

来说是非者,便是是非人。　第13段

礼义生于富足,盗贼出于贫穷。　第68段

力微休负重,言轻莫劝人。　第15段

利刀割体痕易合,恶语伤人恨不消。
　　第78段

良田万顷,日食一升;大厦千间,夜眠八尺。
　　第75段

良药苦口利于病,忠言逆耳利于行。
　　第69段

两人一般心,有钱堪买金;一人一般心,无钱堪买针。　第5段

留得五湖明月在,不愁无处下金钩。
　　第36段

流水下滩非有意,白云出岫本无心。
　　第5段

龙归晚洞云犹湿,麝过春山草木香。

第72段

龙游浅水遭虾戏,虎落平阳被犬欺。
　　第41段

路遥知马力,事久见人心。　第5段

M

马行无力皆因瘦,人不风流只为贫。
　　第5段

茫茫四海人无数,哪个男儿是丈夫。
　　第19段

美不美,乡中水;亲不亲,故乡人。　第6段

灭却心头火,剔起佛前灯。　第63段

明知山有虎,莫向虎山行。　第62段

命里有时终须有,命里无时莫强求。
　　第23段

磨刀恨不利,刀利伤人指。　第25段

莫把真心空计较,儿孙自有儿孙福。
　　第61段

莫道君行早,更有早行人。　第10段

莫将容易得,便作等闲看。　第59段

莫笑他人老,终须还到老。　第50段

牡丹花好空入目,枣花虽小结实成。
　　第64段

N

宁可人负我,切莫我负人。　第13段

宁可信其有,不可信其无。　第22段

宁添一斗,莫添一口。　第47段

宁向直中取,不可曲中求。　第29段

P

贫居闹市无人识,富在深山有远亲。
第 7 段
贫无达士将金赠,病有高人说药方。
第 73 段
平生莫作皱眉事,世上应无切齿人。
第 15 段
平生只会量人短,何不回头把自量。
第 72 段

Q

妻贤夫祸少,子孝父心宽。 第 57 段
欺老莫欺少,欺人心不明。 第 64 段
千里送毫毛,礼轻情义重。 第 75 段
钱财如粪土,仁义值千金。 第 4 段
强中更有强中手,恶人须用恶人磨。
第 55 段
墙有缝,壁有耳。 第 28 段
清清之水为土所防,济济之士为酒所伤。
第 74 段
秋至满山多秀色,春来无处不花香。
第 73 段
求人须求英雄汉,济人须济急时无。
第 16 段
去时终须去,再三留不住。 第 36 段

R

饶人不是痴汉,痴汉不会饶人。 第 6 段
人不劝不善,钟不打不鸣。 第 62 段
人不通古今,马牛而襟裾。 第 18 段
人恶人怕天不怕,人善人欺天不欺。
第 38 段
人见白头嗔,我见白头喜。 第 28 段
人老心未老,人穷志不穷。 第 66 段
人贫不语,水平不流。 第 34 段
人贫志短,马瘦毛长。 第 72 段
人情莫道春光好,只怕秋来有冷时。
第 39 段
人情似水分高下,世事如云任卷舒。
第 24 段
人情似纸张张薄,世事如棋局局新。
第 14 段
人善被人欺,马善被人骑。 第 38 段
人生不满百,常怀千岁忧。 第 33 段
人生一世,草生一春。 第 32 段
人生知足何时足,人老偷闲且是闲。
第 58 段
人为财死,鸟为食亡。 第 69 段
人无横财不富,马无夜草不肥。 第 38 段
人无千日好,花无百日红。 第 66 段
人无远虑,必有近忧。 第 30 段
人心似铁,官法如炉。 第 20 段
忍得一时之气,免得百日之忧。 第 31 段
忍一句,息一怒,饶一着,退一步。
第 37 段
入山不怕伤人虎,只怕人情两面刀。
第 54 段

若登高必自卑,若涉远必自迩。　第26段
若要断酒法,醒眼看醉人。　第16段

S

三杯通大道,一醉解千愁。　第34段
三十不豪,四十不富,五十相将寻死路。
　　第37段
三思而行。　第26段
杀人可恕,情理难容。　第66段
善恶到头终有报,只争来早与来迟。
　　第38段
善有善报,恶有恶报;不是不报,日子未到。
　　第51段
伤人一语,利如刀割。　第48段
少壮不努力,老大徒伤悲。　第45段
深山毕竟藏猛虎,大海终须纳细流。
　　第35段
十年窗下无人问,一举成名天下知。
　　第41段
时来风送滕王阁,运去雷轰荐福碑。
　　第43段
使口不如自走,求人不如求己。　第27段
世间好语书说尽,天下名山僧占多。
　　第56段
世人若要人情好,赊去物件莫取钱。
　　第49段
世上万般皆下品,思量唯有读书高。
　　第56段
是非只为多开口,烦恼皆因强出头。

第31段
是非终日有,不听自然无。　第22段
守口如瓶,防意如城。　第12段
受恩深处宜先退,得意浓时便可休。莫待是
　　非来入耳,从前恩爱反为仇。　第36段
爽口食多偏作病,快心事过恐生殃。
　　第70段
谁人背后无人说,哪个人前不说人。
　　第8段
谁人不爱子孙贤,谁人不爱千钟粟,奈五行
　　不是这般题目。　第61段
水至清则无鱼,人太紧则无智。　第21段
顺天者存,逆天者亡。　第69段
死生有命,富贵在天。　第49段
送君千里,终须一别。　第39段
笋因落箨方成竹,鱼为奔波始化龙。
　　第67段

T

贪他一斗米,失却半年粮。　第71段
天上众星皆拱北,世间无水不朝东。
　　第68段
天时不如地利,地利不如人和。　第55段
天网恢恢,疏而不漏。　第46段
庭栽栖凤竹,池养化龙鱼。　第23段
同君一夜话,胜读十年书。　第18段

W

万事不由人计较,一身都是命安排。

增广贤文··附录

第77段

万事劝人休瞒昧,举头三尺有神明。

第63段

为官须作相,及第早争先。　　第79段

未晚先投宿,鸡鸣早看天。　　第48段

屋漏更遭连夜雨,行船又遇打头风。

第67段

无钱方断酒,临老始看经。　　第63段

无求到处人情好,不饮从他酒价高。

第54段

无限朱门生饿莩,几多白屋出公卿。

第74段

X

闲时不烧香,急时抱佛脚。　　第80段

贤妇令夫贵,恶妇令夫败。　　第65段

相逢不饮空归去,洞口桃花也笑人。

第6段

相逢好似初相识,到老终无怨恨心。

第2段

相见易得好,久住难为人。　　第5段

相论逞英雄,家计渐渐退。　　第65段

相识满天下,知心能几人。　　第2段

惺惺常不足,蒙蒙作公卿。　　第63段

许人一物,千金不移。　　第40段

Y

衙门八字开,有理无钱莫进来。　　第76段

羊有跪乳之恩,鸦有反哺之义。　　第57段

养儿防老,积谷防饥。　　第42段

养军千日,用在一朝。　　第78段

药能医假病,酒不解真愁。　　第33段

一毫之恶,劝人莫作;一毫之善,与人方便。

第77段

一举首登龙虎榜,十年身到凤凰池。

第41段

一年之计在于春,一日之计在于寅,一家之计在于和,一生之计在于勤。　　第12段

一人传虚,百人传实。　　第75段

一人道好,千人传实。　　第52段

一日夫妻,百世姻缘。　　第47段

一言既出,驷马难追。　　第44段

一字入公门,九牛拖不出。　　第76段

易涨易退山溪水,易反易复小人心。

第3段

英雄行险道,富贵似花枝。　　第39段

用心计较般般错,退步思量事事难。

第59段

有茶有酒多兄弟,急难何曾见一人。

第14段

有儿贫不久,无子富不长。　　第70段

有钱道真语,无钱语不真。　　第8段

有意栽花花不发,无心插柳柳成荫。

第4段

欲求生富贵,须下死工夫。　　第20段

遇饮酒时须饮酒,得高歌处且高歌。

第53段

远水难救近火,远亲不如近邻。 第14段
月过十五光明少,人到中年万事休。
　　第32段
运去金成铁,时来铁似金。 第3段

Z

责人之心责己,恕己之心恕人。 第12段
乍富不知新受用,骤贫难改旧家风。
　　第67段
知己知彼,将心比心。 第2段
知我者谓我心忧,不知我者谓我何求。

第30段
知音说与知音听,不是知音莫与谈。
　　第60段
知足常足,终身不辱。知止常止,终身不耻。
　　第25段
众星朗朗,不如孤月独明。 第63段
种麻得麻,种豆得豆。 第46段
竹篱茅舍风光好,道院僧房总不如。
　　第23段
醉后乾坤大,壶中日月长。 第75段

图书在版编目（CIP）数据

增广贤文 / 冯国超译注 . -- 北京：华夏出版社有限公司，2024.1
（国学经典详注·全译·精解丛书）
ISBN 978-7-5222-0537-3

Ⅰ. ①增… Ⅱ. ①冯… Ⅲ. ①古汉语－启蒙读物 Ⅳ. ① H194.1

中国国家版本馆 CIP 数据核字（2023）第 147283 号

增广贤文

译　　注	冯国超
责任编辑	陈小兰
特约编辑	李增慧
责任印制	周　然

出版发行	华夏出版社有限公司
经　　销	新华书店
印　　装	三河市少明印务有限公司
版　　次	2024 年 1 月北京第 1 版
	2024 年 1 月北京第 1 次印刷
开　　本	787×1092　1/16
印　　张	13.25
字　　数	220 千字
定　　价	49.00 元

华夏出版社有限公司　　地址：北京市东直门外香河园北里 4 号　　邮编：100028
　　　　　　　　　　　网址：www.hxph.com.cn　　电话：（010）64663331（转）
若发现本版图书有印装质量问题，请与我社营销中心联系调换。